大方廣佛華嚴經 讀誦

28

일러두기

1. 『독송본 한문 · 한글역 대방광불화엄경』은 실차난타가 한역(695~699)한 80권 『대방광불화엄경』의 한문 원문과 한글역을 함께 수록한 것이다. 한문에는 음사와 현토를 부기하였다.

2. 원문의 저본은 고종 2년(1865) 월정사에서 인경한 고려대장경 『대방광불화엄경』에 한암 스님이 현토(1949년)한 것을 범룡 스님이 영인 출판(1990년)한 『대방광불화엄경』이다.

3. 한문은 저본에서 누락되었거나 글자가 다르다고 판단된 부분은 저본인 고려대장경 각권의 말미에 교감되어 있는 내용을 중심으로 하고 봉은사판 『대방광불화엄경수소연의초』와 신수대장경 각주에서 밝힌 교감본을 참조하여 보입하고 수정하였다.

4. 한글 번역은 동국역경원에서 발간한 한글 『대방광불화엄경』(운허)을 중심으로 하고 『신화엄경합론』(탄허)과 『대방광불화엄경 강설』(여천무비) 그리고 최근의 여타 번역본 등을 참조하였다.

5. 저본의 원문에서 이체자의 경우 훈글이 제공하는 이체자는 그대로 살리고 훈글이 제공하지 않는 글자는 통용되는 정자로 바꾸었다. 예) 間 → 開 / 焰 → 燄 / 宫 → 宮 / 偁 → 稱

6. 한글 번역은 독송과 사경을 위하여 정확성과 아울러 가독성을 고려하였다. 극존칭은 부처님과 불경계에 대해서만 사용하였다.

7. 독송본의 차례는 일러두기 → 본문 → 화엄경 목차 → 간행사의 순차이다.
(법공양판에는 간행사 다음에 간행불사 동참자를 밝혀 두었다.)

8. 독송본의 한글역은 사경의 편의를 도모하기 위해 그 편집을 달리하여 『사경본 한글역 대방광불화엄경』으로 함께 간행한다. 독송본과 사경본 모두 80권 『대방광불화엄경』의 권별 목차 순으로 간행한다.

독송본 한문 · 한글역

대방광불화엄경 제28권

大方廣佛華嚴經 卷第二十八

25. 십회향품 [6]

十迴向品 第二十五之六

실차난타 한역
수미해주 한글역

28

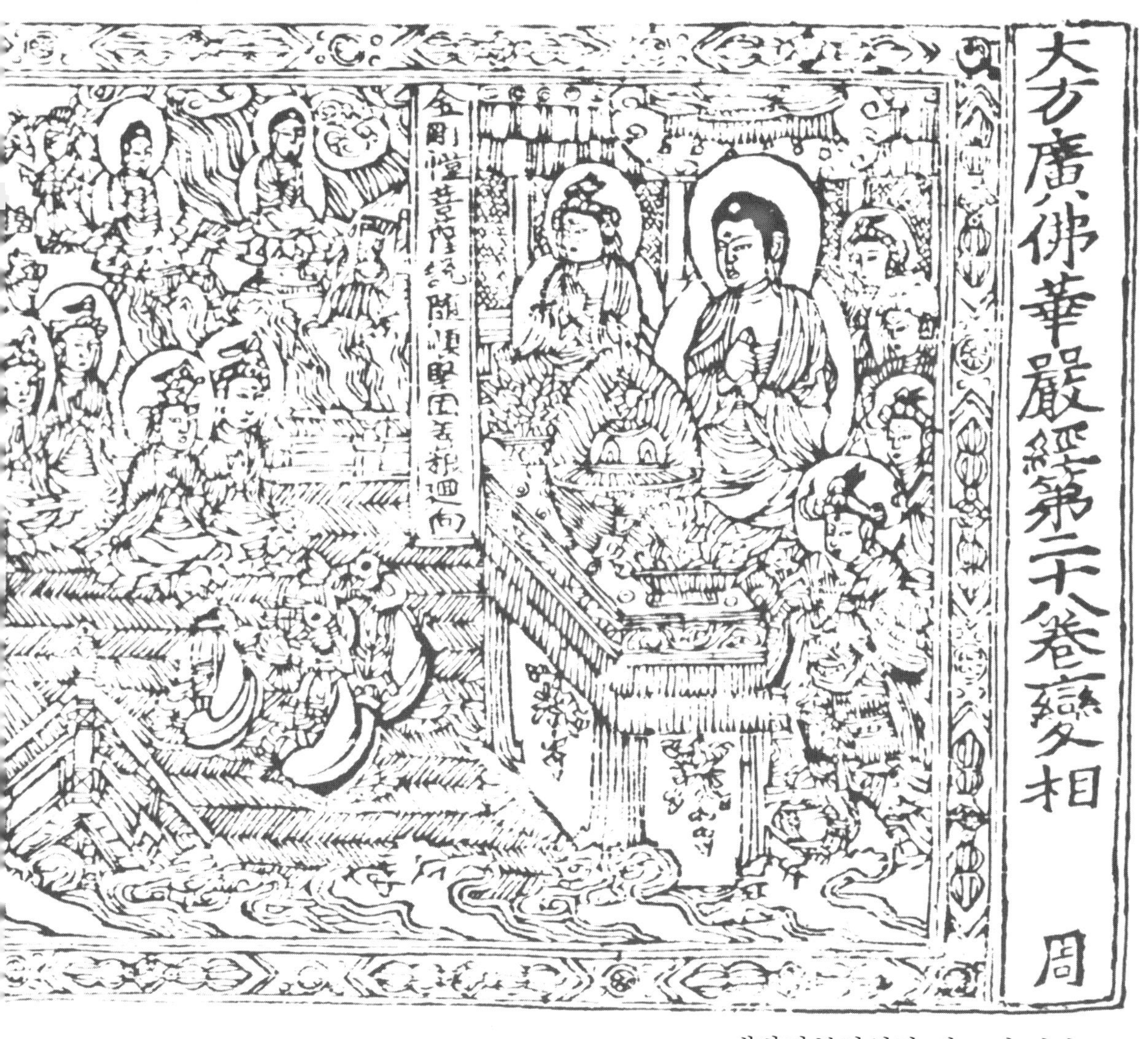

대방광불화엄경 제28권 변상도

대방광불화엄경

제28권

25. 십회향품 [6]

대방광불화엄경 권제이십팔
大方廣佛華嚴經 卷第二十八

십회향품 제이십오지육
十迴向品 第二十五之六

불자 보살마하살 약견여래 출흥어세
佛子야 **菩薩摩訶薩**이 **若見如來**가 **出興於世**하야

개연정법 이대음성 보고일체 여래
開演正法하면 **以大音聲**으로 **普告一切**호대 **如來**

출세 여래출세 영제중생 득문불
出世시며 **如來出世**라하야 **令諸衆生**으로 **得聞佛**

명 사리일체아만희론
名하고 **捨離一切我慢戲論**하니라

대방광불화엄경 제28권

25. 십회향품 [6]

"불자들이여, 보살마하살이 만약 여래께서 세상에 출현하여 바른 법을 연설하심을 보면 큰 음성으로 일체에게 널리 말하되 '여래께서 세상에 출현하셨다! 여래께서 세상에 출현하셨다!' 라고 하여 모든 중생들로 하여금 부처님의 명호를 듣고 일체 아만과 희론을 버리고 여

부갱권도 영속견불 영억념불 영귀
復更勸導하야 **令速見佛**하고 **令憶念佛**하고 **令歸**

향불 영반연불 영관찰불 영찬탄
向佛하고 **令攀緣佛**하고 **令觀察佛**하고 **令讚歎**

불
佛하니라

부위광설불난치우 천만억겁 시내일
復爲廣說佛難値遇호대 **千萬億劫**에 **時乃一**

출 중생 유차득견어불 생청정신
出이니 **衆生**이 **由此得見於佛**하고 **生清淨信**하야

용약환희 존중공양
踊躍歡喜하야 **尊重供養**이라하니라

부어불소 문제불명 전갱치우무수제
復於佛所에 **聞諸佛名**하고 **轉更値遇無數諸**

불 식제선본 수습증장
佛하야 **植諸善本**하야 **修習增長**이니라

의게 한다.

다시 또 권하고 이끌어 빨리 부처님을 친견하게 하고, 부처님을 생각하게 하고, 부처님께 귀의하게 하고, 부처님을 반연하게 하고, 부처님을 관찰하게 하고, 부처님을 찬탄하게 한다.

다시 널리 말하기를 '부처님은 만나기 어려우니 천만억 겁에 한 번 출현하신다.'라고 한다. 중생들이 이를 말미암아 부처님을 친견하고 청정한 믿음을 내며 뛸 듯이 환희하고 존중하며 공양올린다.

다시 부처님 처소에서 모든 부처님의 명호를 듣고 더욱 다시 수없는 모든 부처님을 만나서

이시 무수백천만억나유타중생 인견불
爾時에 無數百千萬億那由他衆生이 因見佛

고 개득청정 구경조복 피제중생
故로 皆得淸淨하야 究竟調伏하며 彼諸衆生이

어보살소 개생최상선지식상 인보살고
於菩薩所에 皆生最上善知識想하며 因菩薩故로

성취불법 이무수겁소종선근 보어세
成就佛法하야 以無數劫所種善根으로 普於世

간 시작불사
間에 施作佛事니라

불자 보살마하살 개시중생 영견불시
佛子야 菩薩摩訶薩이 開示衆生하야 令見佛時에

이제선근 여시회향
以諸善根으로 如是迴向하나니라

소위원일체중생 부대권유 자왕견불
所謂願一切衆生이 不待勸誘하고 自往見佛하야

모든 선의 근본을 심고 닦아 익혀서 증장케 한다.

그때에 수없는 백천만억 나유타 중생들이 부처님을 친견한 인연으로 모두 청정함을 얻어서 구경에 조복하며, 저 모든 중생들이 보살들의 처소에서 다 가장 높은 선지식이라는 생각을 내며, 보살을 인한 까닭으로 불법을 성취하여 수없는 겁 동안에 심은 선근으로 널리 세간에서 불사를 베푼다.

불자들이여, 보살마하살이 중생들에게 열어 보여서 부처님을 친견하게 하는 때에 모든 선근으로 이와 같이 회향한다.

이른바 일체 중생이 권유함을 기다리지 아니

승사공양　개령환희
承事供養하야 皆令歡喜하니라

원일체중생　상락견불　심무폐사
願一切衆生이 常樂見佛하야 心無廢捨하니라

원일체중생　상근수습광대지혜　수지일
願一切衆生이 常勤修習廣大智慧하야 受持一

체제불법장
切諸佛法藏하니라

원일체중생　수소문성　개오불법　어
願一切衆生이 隨所聞聲하야 皆悟佛法하야 於

무량겁　수보살행
無量劫에 修菩薩行하니라

원일체중생　안주정념　항이지안　견
願一切衆生이 安住正念하야 恒以智眼으로 見

불출흥
佛出興하니라

하고 스스로 가서 부처님을 친견하고 받들어 섬기며 공양올리어 다 환희하게 하기를 원한다.

일체 중생이 항상 부처님 친견하기를 즐겨하여 마음에 폐하고 버림이 없기를 원한다.

일체 중생이 광대한 지혜를 항상 부지런히 닦아 익히어 일체 모든 부처님의 법장을 받아 지니기를 원한다.

일체 중생이 들은 바 소리를 따라서 다 불법을 깨닫고 한량없는 겁 동안 보살행을 닦기를 원한다.

일체 중생이 바른 생각에 편안히 머물러서 항상 지혜의 눈으로 부처님의 출현하심을 보

원일체중생 불념이업 상억견불 근
願一切衆生이 不念異業하고 常憶見佛하야 勤

수십력
修十力하니라

원일체중생 어일체처 상견제불 요달
願一切衆生이 於一切處에 常見諸佛하야 了達

여래 변허공계
如來가 徧虛空界하니라

원일체중생 개득구족불자재신 보어시
願一切衆生이 皆得具足佛自在身하야 普於十

방 성도설법
方에 成道說法하니라

원일체중생 우선지식 상문불법 어제
願一切衆生이 遇善知識하야 常聞佛法하고 於諸

여래 득불괴신
如來에 得不壞信하니라

기를 원한다.

일체 중생이 다른 업을 생각하지 아니하고 항상 부처님 친견하기를 생각하며 십력을 부지런히 닦기를 원한다.

일체 중생이 일체 처에서 항상 모든 부처님을 친견하고 여래께서 허공계에 두루하심을 분명히 알기를 원한다.

일체 중생이 모두 부처님의 자재하신 몸을 구족하여 널리 시방에서 도를 이루고 법을 설하기를 원한다.

일체 중생이 선지식을 만나서 불법을 항상 듣고 모든 여래께 무너지지 않는 믿음을 얻기

원일체중생 실능칭탄제불출흥 영기견
願一切衆生이 悉能稱歎諸佛出興하야 令其見

자 보득청정
者로 普得淸淨이니라

시위보살마하살 탄불출세 선근회향
是爲菩薩摩訶薩의 歎佛出世하야 善根迴向이니

위령중생 견일체불 공양승사 어무
爲令衆生으로 見一切佛하고 供養承事하야 於無

상법 구경청정고
上法에 究竟淸淨故니라

불자 보살마하살 사어대지 혹시제
佛子야 菩薩摩訶薩이 捨於大地호대 或施諸

불 조립정사 혹시보살 급선지식
佛하야 造立精舍하며 或施菩薩과 及善知識하야

를 원한다.

일체 중생이 다 모든 부처님께서 출현하심을 능히 찬탄하여 그 보는 자들로 하여금 널리 청정을 얻게 하기를 원한다.

이것이 보살마하살이 부처님께서 세간에 출현하심을 찬탄하는 선근으로 회향하는 것이니, 중생들로 하여금 일체 부처님을 친견하고 공양올리고 받들어 섬겨서 위없는 법을 끝까지 청정케 하기 위한 까닭이다.

불자들이여, 보살마하살이 큰 땅을 보시하되 혹은 모든 부처님께 바치어 정사를 지으며, 혹

수의소용 혹시중승 이위주처
隨意所用하며 或施衆僧하야 以爲住處하니라

혹시부모 혹시별인 성문독각 종종
或施父母하며 或施別人하며 聲聞獨覺의 種種

복전 내지일체빈궁고로 급여사중 수의
福田과 乃至一切貧窮孤露와 及餘四衆에 隨意

실여 영무소핍
悉與하야 令無所乏하니라

혹시조립여래탑묘 어여시등제처지중
或施造立如來塔廟하고 於如是等諸處之中에

실위판구자생집물 영수의용 무소공
悉爲辨具資生什物하야 令隨意用하야 無所恐

구
懼니라

보살마하살 수하방소 보시지시 이제
菩薩摩訶薩이 隨何方所하야 布施地時에 以諸

은 보살과 선지식에게 보시하여 뜻 따라 쓰게 하며, 혹은 많은 스님들에게 보시하여 주처를 삼게 한다.

혹은 부모에게 드리고, 혹은 다른 사람에게 보시하며, 성문과 독각의 갖가지 복전과 내지 일체 빈궁하고 외로운 이와 그리고 다른 사부대중에게 뜻 따라 모두 주어서 모자라는 바가 없게 한다.

혹은 여래의 탑묘를 세우는 데 보시하니, 이와 같은 등 모든 곳에서 다 생활하는 물품을 갖추어 뜻 따라 쓰면서 두려울 바가 없게 한다.

보살마하살이 어떤 방소를 따라 땅을 보시

선근　여시회향
善根으로 如是迴向하나니라

소위원일체중생　구족청정일체지지　실
所謂願一切衆生이 具足淸淨一切智地하야 悉

도보현중행피안　원일체중생　득총지
到普賢衆行彼岸하며 願一切衆生이 得摠持

지　정념수지일체불법
地하야 正念受持一切佛法하니라

원일체중생　득주지력　상능수호일체불
願一切衆生이 得住持力하야 常能守護一切佛

교　원일체중생　득여지심　어제중생
敎하며 願一切衆生이 得如地心하야 於諸衆生에

의상청정　무유악념
意常淸淨하야 無有惡念하니라

원일체중생　지제불종　성취보살　제지
願一切衆生이 持諸佛種하야 成就菩薩의 諸地

할 때에 모든 선근으로 이와 같이 회향한다.

이른바 일체 중생이 청정한 일체 지혜의 지위를 구족하여 모두 보현의 온갖 행의 피안에 이르기를 원하며, 일체 중생이 모두 지니는 지위를 얻어 바른 생각으로 일체 부처님의 법을 받아 지니기를 원한다.

일체 중생이 머물러 지니는 힘을 얻어 일체 부처님의 가르침을 항상 능히 수호하기를 원하며, 일체 중생이 땅과 같은 마음을 얻어 모든 중생들에게 뜻이 항상 청정하고 나쁜 생각이 없기를 원한다.

일체 중생이 모든 부처님의 종자를 지니어

차제　무유단절
次第하야 無有斷絶하니라

원일체중생　보위일체　작안은처　실
願一切衆生이 普爲一切하야 作安隱處하고 悉

령조복　주청정도
令調伏하야 住淸淨道하니라

원일체중생　동제여래　이익세간　보사
願一切衆生이 同諸如來의 利益世間하야 普使

근수　안주불력
勤修하야 安住佛力하니라

원일체중생　보위세간지소애락　실령안
願一切衆生이 普爲世間之所愛樂하야 悉令安

주무상불락
住無上佛樂하니라

원일체중생　획선방편　주불제력무외법
願一切衆生이 獲善方便하야 住佛諸力無畏法

보살의 모든 지위 차제를 성취하고 끊어짐이 없기를 원한다.

일체 중생이 널리 일체를 위하여 안온한 곳이 되고 모두 조복하여 청정한 도에 머무르게 하기를 원한다.

일체 중생이 모든 여래와 같이 세간을 이익하게 하며 널리 부지런히 닦아서 부처님 힘에 편안히 머무르게 하기를 원한다.

일체 중생이 널리 세간의 사랑하는 바가 되어 모두 위없는 부처님의 낙에 편안히 머무르게 하기를 원한다.

일체 중생이 좋은 방편을 얻어 부처님의 모

중
中하니라

원일체중생 득여지지 자재수행일체불
願一切衆生이 得如地智하야 自在修行一切佛

법
法이니라

시위보살마하살 시대지시 선근회향
是爲菩薩摩訶薩의 施大地時에 善根迴向이니

위령중생 개득구경일체여래청정지고
爲令衆生으로 皆得究竟一切如來淸淨地故니라

불자 보살마하살 보시동복 공양일체
佛子야 菩薩摩訶薩이 布施僮僕하야 供養一切

제불보살진선지식 혹시승보 혹봉부
諸佛菩薩眞善知識하며 或施僧寶하며 或奉父

든 힘과 두려움 없는 법에 머무르기를 원한다.

일체 중생이 땅과 같은 지혜를 얻어 일체 부처님 법을 자재하게 수행하기를 원한다.

이것이 보살마하살이 큰 땅을 보시할 때에 선근으로 회향하는 것이니, 중생들로 하여금 모두 구경에 일체 여래의 청정한 지위를 얻게 하기 위한 까닭이다.

불자들이여, 보살마하살이 하인들을 보시하여 일체 모든 부처님과 보살과 참 선지식에게 공양올리며, 혹은 승보에게 보시하며, 혹은 부모와 높고 수승한 복전을 받든다.

모존승복전
母尊勝福田하니라

혹부급시병고중생 영무궐핍 이존기
或復給施病苦衆生하야 令無闕乏하야 以存其

명 혹부시여빈궁고로 급여일체무첨시
命하며 或復施與貧窮孤露와 及餘一切無瞻侍

자 혹위수호여래탑묘 혹위서지제불
者하며 或爲守護如來塔廟하며 或爲書持諸佛

정법
正法하니라

이백천억나유타복사 수시급시 기제복
以百千億那由他僕使로 隨時給施호대 其諸僕

사 개총혜선교 성자조순 상근정진
使가 皆聰慧善巧하야 性自調順하며 常勤精進하야

무유해타 구질직심 안락심 이익심
無有懈惰하며 具質直心과 安樂心과 利益心과

혹은 다시 병들어 고통받는 중생들에게 베풀어 주어 모자람이 없어서 그 목숨을 보존하게 하며, 혹은 다시 빈궁하고 외로운 이와 그 외 일체의 살펴 시중할 자가 없는 이에게 보시하며, 혹은 여래의 탑묘를 수호하며, 혹은 모든 부처님의 바른 법을 쓰고 지니게 한다.

백천억 나유타 하인들을 수시로 주되, 그 모든 하인들이 다 총명하고 공교하며 성품이 본래 부드럽고 순하며 항상 부지런히 정진하고 게으르지 않다. 질직한 마음과 안락한 마음과 이익한 마음과 인자한 마음과 공경하는 마음과 원한이 없는 마음과 대적함이 없는 마음

인자심 공각심 무원한심 무수적심
仁慈心과 恭恪心과 無怨恨心과 無讎敵心하고

능수수자 방속소의 어피피중 작제이
能隨受者의 方俗所宜하야 於彼彼中에 作諸利

익
益하니라

우개종보살정업소감 재능기예 공교산수
又皆從菩薩淨業所感인 才能技藝와 工巧筭數를

미불통달 선능공시 열가기심
靡不通達하야 善能供侍하야 悅可其心이니라

보살 이시 이제선근 여시회향
菩薩이 爾時에 以諸善根으로 如是迴向하나니라

소위원일체중생 득조순심 일체불소
所謂願一切衆生이 得調順心하야 一切佛所에

수습선근
修習善根하니라

을 갖추어, 능히 받는 자의 지방풍속의 마땅한 바를 따라 그들 가운데 모든 이익을 짓는다.

또 모두 보살의 청정한 업으로부터 감득한 바인 재능과 기예와 공교와 산수를 통달하지 않음이 없고, 잘 능히 시중들어 그 마음을 기쁘게 한다.

보살이 그때에 모든 선근으로 이와 같이 회향한다.

이른바 일체 중생이 부드럽고 순한 마음을 얻어 일체 부처님 처소에서 선근을 닦아 익히기를 원한다.

원일체중생 수순공양일체제불 어불소
願一切衆生이 隨順供養一切諸佛하야 於佛所

설 실능청수
說에 悉能聽受하니라

원일체중생 득불섭수 상관여래 갱
願一切衆生이 得佛攝受하야 常觀如來하고 更

무여념
無餘念하니라

원일체중생 불괴불종 근수일체 순
願一切衆生이 不壞佛種하고 勤修一切하야 順

불선근
佛善根하니라

원일체중생 상근공양일체제불 무공과
願一切衆生이 常勤供養一切諸佛하야 無空過

시
時하니라

일체 중생이 일체 모든 부처님을 수순하여 공양올리며 부처님께서 설하신 것을 모두 능히 듣기를 원한다.

일체 중생이 부처님의 거두어 주심을 얻어 항상 여래를 관하고 다시 다른 생각이 없기를 원한다.

일체 중생이 부처님의 종성을 깨뜨리지 아니하고 일체를 부지런히 닦아 부처님의 선근을 수순하기를 원한다.

일체 중생이 일체 모든 부처님께 항상 부지런히 공양올리고 헛되이 지내는 때가 없기를 원한다.

원일체중생 섭지일체제불묘의 언사청
願一切衆生이 攝持一切諸佛妙義하야 言辭清

정 유행무외
淨하야 遊行無畏하니라

원일체중생 상락견불 심무염족 어
願一切衆生이 常樂見佛호대 心無厭足하야 於

제불소 불석신명
諸佛所에 不惜身命하니라

원일체중생 득견제불 심무염착 이
願一切衆生이 得見諸佛하고 心無染著하야 離

세소의
世所依하니라

원일체중생 단귀어불 영리일체사귀의
願一切衆生이 但歸於佛하야 永離一切邪歸依

처
處하니라

일체 중생이 일체 모든 부처님의 미묘한 이치를 거두어 지녀서 말이 청정하며 유행하는 데 두려움이 없기를 원한다.

일체 중생이 부처님 친견하기를 항상 즐겨하여 마음에 만족해 싫어함이 없어서 모든 부처님 처소에 몸과 목숨을 아끼지 않기를 원한다.

일체 중생이 모든 부처님을 친견하고 마음이 염착하지 않으며 세상에 의지하는 바를 여의기를 원한다.

일체 중생이 단지 부처님께 귀의하고 영원히 일체 삿된 귀의처를 여의기를 원한다.

일체 중생이 부처님의 도를 수순하고 마음으

원일체중생 수순불도 심상락관무상불
願一切衆生이 隨順佛道하야 心常樂觀無上佛

법
法이니라

시위보살마하살 시복사시 선근회향
是爲菩薩摩訶薩의 施僕使時에 善根迴向이니

위령중생 원리진구 정치불지 능현
爲令衆生으로 遠離塵垢하고 淨治佛地하야 能現

여래자재신고
如來自在身故니라

불자 보살마하살 이신보시제래걸자
佛子야 菩薩摩訶薩이 以身布施諸來乞者호대

보시지시 생겸하심 생여지심 생인
布施之時에 生謙下心하며 生如地心하며 生忍

로 항상 위없는 부처님 법을 즐겨 관하기를 원한다.

이것이 보살마하살이 하인들을 보시할 때에 선근으로 회향하는 것이니, 중생들로 하여금 티끌의 더러움을 멀리 여의고 부처님 지위를 깨끗이 닦아 다스려 여래의 자재한 몸을 능히 나타내게 하기 위한 까닭이다.

불자들이여, 보살마하살이 몸으로 모든 와서 구걸하는 자들에게 보시하되 보시할 때에 겸하하는 마음을 내며, 땅과 같은 마음을 내며, 온갖 고통을 참고 변동이 없는 마음을 낸다.

수중고무변동심
受衆苦無變動心하니라

생급시중생불피염심 생어제중생 유여
生給侍衆生不疲厭心하며 生於諸衆生에 猶如

자모 소유중선 실회여심 생어제우
慈母하야 所有衆善을 悉迴與心하며 生於諸愚

험극악중생 종종침능 개관유심 안주
險極惡衆生의 種種侵陵에 皆寬宥心하야 安住

선근 정근급사
善根하야 精勤給事니라

보살 이시 실이선근 여시회향
菩薩이 爾時에 悉以善根으로 如是迴向하나니라

소위원일체중생 수기소수 상무궐핍
所謂願一切衆生이 隨其所須하야 常無闕乏하며

수보살행 항불간단 불사일체보살의
修菩薩行하야 恒不間斷하며 不捨一切菩薩義

중생들을 시중들되 피로해하거나 싫어하지 않는 마음을 내며, 모든 중생들에게 마치 자애로운 어머니같이 있는 바 온갖 선을 모두 돌려주는 마음을 내며, 모든 어리석고 험하고 극히 악한 중생들이 갖가지로 침해하고 능멸함에 다 너그러운 마음을 내어 선근에 편안히 머물러서 부지런히 받들어 섬긴다.

보살이 그때에 모두 선근으로 이와 같이 회향한다.

이른바 '원컨대 일체 중생이 그 필요한 바를 따라서 항상 모자람이 없고 보살행을 닦아서 항상 끊이지 않으며, 일체 보살의 의로움과 이

리　　선주보살소행지도　　요달보살평등
利하며 善住菩薩所行之道하며 了達菩薩平等

법성　　득재여래종족지수
法性하며 得在如來種族之數하니라

주진실어　　지보살행　　영제세간　　득정
住眞實語하며 持菩薩行하야 令諸世間으로 得淨

불법　　심심신해　　증법구경　　영제중
佛法하며 深心信解하야 證法究竟하며 令諸衆

생　　출생청정증상선근　　주대공덕　　구
生으로 出生淸淨增上善根하며 住大功德하야 具

일체지
一切智하니라

우이차선근　　영일체중생　　상득공양일
又以此善根으로 令一切衆生으로 常得供養一

체제불　　해일체법　　수지독송　　불망불
切諸佛하고 解一切法하야 受持讀誦하야 不忘不

로움을 버리지 않으며, 보살의 행하는 바 도에 잘 머무르며, 보살의 평등한 법의 성품을 요달하며, 여래의 종족 수효에 있음을 얻어지이다.

진실한 말에 머무르고 보살행을 지니어 모든 세간으로 하여금 청정한 부처님 법을 얻어 깊은 마음으로 믿고 이해하여 법을 끝까지 증득하게 하며, 모든 중생들로 하여금 청정하고 증장하는 선근을 출생하며, 큰 공덕에 머물러서 일체지를 갖추게 하여지이다.

또 이 선근으로 일체 중생으로 하여금 항상 일체 모든 부처님께 공양올리며, 일체 법을 이해하여 받아 지니며, 읽고 외우며, 잊지 않고

실　불괴불산　심선조복　부조영조
失하고 不壞不散하야 心善調伏하야 不調令調하야

이적정법　이조습지　영피중생　어제
以寂靜法으로 而調習之하야 令彼衆生으로 於諸

불소　주여시사
佛所에 住如是事하니라

우이차선근　영일체중생　작제일탑
又以此善根으로 令一切衆生으로 作第一塔하야

응수세간종종공양　영일체중생　성
應受世間種種供養하며 令一切衆生으로 成

최상복전　득불지혜　개오일체　영일
最上福田하야 得佛智慧하야 開悟一切하며 令一

체중생　작최상수자　보능요익일체중
切衆生으로 作最上受者하야 普能饒益一切衆

생
生하니라

잃지 않으며, 무너뜨리지 않고 흩어 버리지 않으며, 마음이 잘 조복되어 조복하지 못한 이를 조복하게 하며, 적정한 법으로 고르게 익혀서 저 중생들로 하여금 모든 부처님 처소에서 이와 같은 일에 머무르게 하여지이다.

또 이 선근으로 일체 중생으로 하여금 제일의 탑을 만들어 마땅히 세간의 갖가지 공양을 받게 하며, 일체 중생으로 하여금 최상의 복전을 이루고 부처님의 지혜를 얻어 일체를 깨닫게 하며, 일체 중생으로 하여금 최상의 받는 자가 되어 널리 일체 중생을 능히 요익하게 하여지이다.

영일체중생 성최상복리 능사구족일
令一切衆生으로 成最上福利하야 能使具足一

체선근 영일체중생 성제일호시처
切善根하며 令一切衆生으로 成第一好施處하야

능사획득무량복보
能使獲得無量福報하니라

영일체중생 어삼계중 개득출리 영
令一切衆生으로 於三界中에 皆得出離하며 令

일체중생 작제일도사 능위세간 시
一切衆生으로 作第一導師하야 能爲世間하야 示

여실도
如實道하니라

영일체중생 득묘총지 구지일체제불
令一切衆生으로 得妙總持하야 具持一切諸佛

정법 영일체중생 증득무량제일법계
正法하며 令一切衆生으로 證得無量第一法界하야

일체 중생으로 하여금 최상의 복리를 이루어 일체 선근을 능히 구족하게 하며, 일체 중생으로 하여금 제일 좋은 보시하는 곳이 되어 능히 한량없는 복의 과보를 얻게 하여지이다.

일체 중생으로 하여금 삼계에서 모두 벗어남을 얻게 하며, 일체 중생으로 하여금 제일의 도사가 되어 능히 세간을 위하여 여실한 도를 보이게 하여지이다.

일체 중생으로 하여금 묘한 총지를 얻어서 일체 모든 부처님의 바른 법을 갖추어 지니게 하며, 일체 중생으로 하여금 한량없는 제일의 법계를 증득하여 허공처럼 걸림 없는 바른 도

구족허공무애정도
具足虛空無礙正道니라

시위보살마하살 시자기신 선근회향
是爲菩薩摩訶薩의 施自己身하야 善根迴向이니

위령중생 개득응공무량지신고
爲令衆生으로 皆得應供無量智身故니라

불자 보살마하살 문법희열 생정신
佛子야 菩薩摩訶薩이 聞法喜悅하야 生淨信

심 능이기신 공양제불 흔락신해무
心하야 能以其身으로 供養諸佛하고 欣樂信解無

상법보 어제불소 생부모상
上法寶하야 於諸佛所에 生父母想하니라

독송수지무애도법 보입무수나유타법
讀誦受持無礙道法하야 普入無數那由他法과

를 구족하게 하여지이다.'라고 한다.

이것이 보살마하살이 자기의 몸을 보시하는 선근으로 회향하는 것이니, 중생들로 하여금 모두 응공의 한량없는 지혜의 몸을 얻게 하기 위한 까닭이다.

불자들이여, 보살마하살이 법을 듣고 기뻐하여 청정한 신심을 내어서 능히 그 몸으로 모든 부처님께 공양올리며, 위없는 법보를 기쁘게 믿고 이해하여 모든 부처님 처소에서 부모라는 생각을 낸다.

걸림 없는 도의 법을 읽고 외우고 받아 지니

대지혜보 제선근문 심상억념무량제
大智慧寶와 諸善根門하며 心常憶念無量諸

불 입불경계 심달의리
佛하야 入佛境界하야 深達義理하니라

능이여래미밀범음 흥불법운 우불법
能以如來微密梵音으로 興佛法雲하고 雨佛法

우 용맹자재 능분별설일체지인제
雨하야 勇猛自在하야 能分別說一切智人第

일지지 구족성취살바야승 이무량
一之地하며 具足成就薩婆若乘하야 以無量

백천억나유타대법 성만제근
百千億那由他大法으로 成滿諸根하나니라

불자 보살마하살 어제불소 문여시법
佛子야 菩薩摩訶薩이 於諸佛所에 聞如是法하고

환희무량 안주정법 자단의혹 역령
歡喜無量하야 安住正法하야 自斷疑惑하고 亦令

며, 수없는 나유타 법과 큰 지혜의 보배인 모든 선근의 문에 널리 들어가며, 마음으로 한량없는 모든 부처님을 항상 생각하여 부처님의 경계에 들어가서 이치를 깊이 통달한다.

능히 여래의 정교하고 자세한 범음으로 불법의 구름을 일으키고 불법의 비를 내리며, 용맹하고 자재하여 능히 일체 지혜 있는 사람의 제일 지위를 분별하여 설하며, 살바야 법을 구족하게 성취하여 한량없는 백천억 나유타 큰 법으로 모든 근을 원만히 이룬다.

불자들이여, 보살마하살이 모든 부처님 처소에서 이와 같은 법을 듣고 환희함이 한량없어

타단
他斷하니라

심항이창 공덕성만 선근구족 의
心恒怡暢하야 功德成滿하며 善根具足하야 意

항상속 이익중생
恒相續하며 利益衆生하니라

심상불궤 획최승지 성금강장 친
心常不匱하며 獲最勝智하야 成金剛藏하며 親

근제불 정제불찰 상근공양일체여
近諸佛하야 淨諸佛刹하야 常勤供養一切如

래
來니라

보살 이시 이제선근 여시회향
菩薩이 爾時에 以諸善根으로 如是迴向하나니라

소위원일체중생 개득원만최승지신 일
所謂願一切衆生이 皆得圓滿最勝之身하야 一

서 바른 법에 편안히 머무르며, 스스로 의혹을 끊고 또한 다른 이로 하여금 끊게 한다.

마음이 항상 기뻐서 공덕을 원만히 이루고 선근을 구족하며 뜻이 항상 상속하여 중생들을 이익하게 한다.

마음이 항상 다하지 아니하여 가장 수승한 지혜를 얻어 금강의 장을 이루며, 모든 부처님을 친근하여 모든 부처님 세계를 청정히 하고 일체 여래께 항상 부지런히 공양올린다.

보살이 그때에 모든 선근으로 이와 같이 회향한다.

이른바 일체 중생이 다 원만하고 가장 수승

체제불지소섭수
切諸佛之所攝受니라

원일체중생 상근제불 의제불주 항
願一切衆生이 常近諸佛하야 依諸佛住하고 恒

득근앙 미증원리
得覲仰하야 未曾遠離하니라

원일체중생 개득청정불괴지신 구족일
願一切衆生이 皆得淸淨不壞之身하야 具足一

체공덕지혜
切功德智慧하니라

원일체중생 상근공양일체제불 행무소
願一切衆生이 常勤供養一切諸佛하야 行無所

득구경범행 원일체중생 득무아신
得究竟梵行하며 願一切衆生이 得無我身하야

이아아소
離我我所하니라

한 몸을 얻어 일체 모든 부처님께서 거두어 주시는 바가 되기를 원한다.

일체 중생이 항상 모든 부처님을 친근하여 모든 부처님을 의지하여 머무르며, 항상 우러러보고 일찍이 멀리 떠나지 않기를 원한다.

일체 중생이 모두 청정하고 무너지지 않는 몸을 얻어 일체 공덕과 지혜를 구족하기를 원한다.

일체 중생이 항상 부지런히 일체 모든 부처님께 공양올려서 얻을 바 없는 구경의 범행을 행하기를 원하며, 일체 중생이 '나'가 없는 몸을 얻어서 '나'와 '나의 것'을 여의기를 원한다.

일체 중생이 모두 능히 몸을 나누어 시방세

원일체중생 실능분신 변시방찰 유
願一切衆生이 悉能分身하야 徧十方刹호대 猶

여영현 이무래왕 원일체중생 득자
如影現하야 而無來往하며 願一切衆生이 得自

재신 보왕시방 무아무수
在身하야 普往十方호대 無我無受하니라

원일체중생 종불신생 처재여래무상신
願一切衆生이 從佛身生하야 處在如來無上身

가 원일체중생 득법력신 인욕대력
家하며 願一切衆生이 得法力身하야 忍辱大力을

무능괴자
無能壞者하니라

원일체중생 득무비신 성취여래청정법
願一切衆生이 得無比身하야 成就如來淸淨法

신 원일체중생 성취출세공덕지신
身하며 願一切衆生이 成就出世功德之身하야

계에 두루하되 마치 그림자가 나타나듯이 오고 감이 없기를 원하며, 일체 중생이 자재한 몸을 얻어 널리 시방에 가되 '나'도 없고 느낌도 없기를 원한다.

일체 중생이 부처님 몸으로부터 나서 여래의 위없는 몸의 집에 살기를 원하며, 일체 중생이 법력의 몸을 얻어 인욕의 큰 힘을 능히 깨뜨릴 자가 없기를 원한다.

일체 중생이 견줄 데 없는 몸을 얻어 여래의 청정한 법신을 성취하기를 원하며, 일체 중생이 세간을 벗어나는 공덕의 몸을 성취하여 얻을 바 없는 청정한 법계에 나기를 원한다.

생무소득청정법계
生無所得清淨法界니라

시위보살마하살 이신공불 선근회향
是爲菩薩摩訶薩의 以身供佛하야 善根迴向이니

위령중생 영주삼세제불가고
爲令衆生으로 永住三世諸佛家故니라

불자 보살마하살 이신보시일체중생
佛子야 菩薩摩訶薩이 以身布施一切衆生하야

위욕보령성취선근 억념선근
爲欲普令成就善根하며 憶念善根하나니라

보살마하살 자원기신 위대명등 보능
菩薩摩訶薩이 自願其身이 爲大明燈하야 普能

조요일체중생 위중락구 보능섭수일
照耀一切衆生하며 爲衆樂具하야 普能攝受一

이것이 보살마하살이 몸으로 부처님께 공양 올리는 선근으로 회향하는 것이니, 중생들로 하여금 삼세의 모든 부처님 집에 영원히 머무르게 하기 위한 까닭이다.

불자들이여, 보살마하살이 몸으로 일체 중생에게 보시하여 널리 선근을 성취하고 선근을 생각하게 하려고 한다.

보살마하살이 스스로 그 몸이 큰 밝은 등불이 되어 널리 일체 중생을 능히 비추며, 온갖 오락 기구가 되어 널리 일체 중생을 능히 섭수하며, 미묘한 법장이 되어 널리 일체 중생을

체중생 위묘법장 보능임지일체중생
切衆生하며 爲妙法藏하야 普能任持一切衆生하며

위정광명 보능개효일체중생 위세광
爲淨光明하야 普能開曉一切衆生하며 爲世光

영 보령중생 상득도견 위선근인연
影하야 普令衆生으로 常得覩見하며 爲善根因緣하야

보령중생 상득치우 위진선지식 영
普令衆生으로 常得値遇하며 爲眞善知識하야 令

일체중생 실몽교유 위평탄도 영일
一切衆生으로 悉蒙敎誘하며 爲平坦道하야 令一

체중생 개득이천 위무유상구족안락
切衆生으로 皆得履踐하며 爲無有上具足安樂하야

영일체중생 이고청정 위명정일 보
令一切衆生으로 離苦淸淨하며 爲明淨日하야 普

작세간평등이익
作世間平等利益이니라

능히 맡아서 지니며, 청정한 광명이 되어 널리 일체 중생을 능히 깨우치며, 세상의 빛 그림자가 되어 널리 중생들로 하여금 항상 보게 하며, 선근의 인연이 되어 널리 중생들로 하여금 항상 만나게 하며, 참 선지식이 되어 일체 중생으로 하여금 모두 가르침을 받게 하며, 평탄한 길이 되어 일체 중생으로 하여금 모두 밟고 지나가게 하며, 위없이 구족한 안락이 되어 일체 중생으로 하여금 고통을 여의고 청정케 하며, 밝고 맑은 해가 되어 널리 세간에 평등한 이익을 짓기를 원한다.

보살이 그때에 모든 선근으로 이와 같이 회

보살 이시 이제선근 여시회향
菩薩이 爾時에 以諸善根으로 如是迴向하나니라

소위원일체중생 상친근불 입불지지
所謂願一切衆生이 常親近佛하야 入佛智地하며

원일체중생 득수순지 주무상각
願一切衆生이 得隨順智하야 住無上覺하니라

원일체중생 상처불회 의선조복 원
願一切衆生이 常處佛會하야 意善調伏하며 願

일체중생 소행유칙 구불위의
一切衆生이 所行有則하야 具佛威儀하니라

원일체중생 실득열반 심해법의 원
願一切衆生이 悉得涅槃하야 深解法義하며 願

일체중생 구지족행 생여래가 원일
一切衆生이 具知足行하야 生如來家하며 願一

체중생 사무명욕 주불지락
切衆生이 捨無明欲하고 住佛志樂하니라

향한다.

이른바 일체 중생이 항상 부처님을 친근하여 부처님의 지혜의 경지에 들어가기를 원하며, 일체 중생이 수순하는 지혜를 얻어 위없는 깨달음에 머무르기를 원한다.

일체 중생이 항상 부처님의 회상에 있어 뜻을 잘 조복하기를 원하며, 일체 중생이 행하는 바가 법칙이 있어 부처님의 위의를 갖추기를 원한다.

일체 중생이 모두 열반을 얻어 법의 뜻을 깊이 알기를 원하며, 일체 중생이 만족함을 아는 행을 갖추어 여래의 집에 나기를 원하며, 일체 중생이 무명의 탐욕을 버리고 부처님 뜻

원일체중생 생승선근 좌보리수 원
願一切衆生이 生勝善根하야 坐菩提樹하며 願

일체중생 살번뇌적 이원해심 원일
一切衆生이 殺煩惱賊하고 離怨害心하며 願一

체중생 구족호지일체불법
切衆生이 具足護持一切佛法이니라

시위보살마하살 이신보시일체중생 선
是爲菩薩摩訶薩의 以身布施一切衆生하야 善

근회향 위욕이익일체중생 영득무상
根迴向이니 爲欲利益一切衆生하야 令得無上

안은처고
安隱處故니라

불자 보살마하살 자이기신 급시제불
佛子야 菩薩摩訶薩이 自以其身으로 給侍諸佛하야

의 즐거움에 머무르기를 원한다.

일체 중생이 수승한 선근을 내어 보리수에 앉기를 원하며, 일체 중생이 번뇌의 도적을 죽이고 원망하고 해치려는 마음을 여의기를 원하며, 일체 중생이 일체 불법을 구족하게 보호해 지니기를 원한다.

이것이 보살마하살이 몸으로 일체 중생에게 보시하는 선근으로 회향하는 것이니, 일체 중생을 이익케 하여 위없는 편안한 처소를 얻게 하기 위한 까닭이다.

불자들이여, 보살마하살이 스스로 그 몸으

어제불소　염보중은　여부모상　어
於諸佛所에 念報重恩호대 如父母想하며 於

제여래　기심신락　이청정심　호불보
諸如來에 起深信樂하야 以淸淨心으로 護佛菩

리
提하니라

주제불법　이세간상　생여래가　수순
住諸佛法하야 離世間想하고 生如來家하며 隨順

제불　이마경계　요달일체제불소행
諸佛하야 離魔境界하며 了達一切諸佛所行하야

성취일체제불법기
成就一切諸佛法器니라

보살　이시　이차선근　여시회향
菩薩이 爾時에 以此善根으로 如是迴向하나니라

소위원일체중생　득청정심　일체지보
所謂願一切衆生이 得淸淨心하야 一切智寶로

로써 모든 부처님께 시봉하며, 모든 부처님의 처소에 지중한 은혜를 갚기를 생각하되 부모와 같이 생각하며, 모든 여래께 깊은 믿음과 즐겨함을 일으켜서 청정한 마음으로 부처님의 보리를 수호한다.

모든 부처님의 법에 머물러 세간의 생각을 여의고 여래의 집에 태어나며, 모든 부처님을 수순하고 마군의 경계를 여의며, 일체 모든 부처님의 행하시는 것을 요달하여 일체 모든 부처님의 법의 그릇을 성취한다.

보살이 그때에 이 선근으로 이와 같이 회향한다.

이자장엄
而自莊嚴하니라

원일체중생 주선조복 원리일체제불선
願一切衆生이 住善調伏하야 遠離一切諸不善

업
業하니라

원일체중생 득불가괴견고권속 보능섭
願一切衆生이 得不可壞堅固眷屬하야 普能攝

수제불정법
受諸佛正法하니라

원일체중생 위불제자 도어보살관정지
願一切衆生이 爲佛弟子하야 到於菩薩灌頂之

지
地하니라

원일체중생 상위제불지소섭수 영리일
願一切衆生이 常爲諸佛之所攝受하야 永離一

이른바 일체 중생이 청정한 마음을 얻어 일체 지혜보배로 스스로 장엄하기를 원한다.

일체 중생이 잘 조복함에 머물러 일체 모든 선하지 않은 업을 멀리 떠나기를 원한다.

일체 중생이 깨뜨릴 수 없는 견고한 권속을 얻어 널리 부처님의 바른 법을 능히 섭수하기를 원한다.

일체 중생이 부처님의 제자가 되어 보살의 관정하는 지위에 이르기를 원한다.

일체 중생이 항상 모든 부처님의 거두어 주시는 바가 되어 일체 선하지 못한 법을 길이 여의기를 원한다.

체불선지법
切不善之法하니라

원일체중생 수순제불 수행보살최승지
願一切衆生이 隨順諸佛하야 修行菩薩最勝之

법
法하니라

원일체중생 입불경계 실개득수일체지
願一切衆生이 入佛境界하야 悉皆得授一切智

기
記하니라

원일체중생 여제여래 개실평등 일체
願一切衆生이 與諸如來로 皆悉平等하야 一切

불법 무불자재
佛法에 無不自在하니라

원일체중생 실위제불지소섭수 상능수
願一切衆生이 悉爲諸佛之所攝受하야 常能修

일체 중생이 모든 부처님을 수순하여 보살의 가장 수승한 법을 닦아 행하기를 원한다.

일체 중생이 부처님의 경계에 들어가 모두 다 일체지의 수기를 받기를 원한다.

일체 중생이 모든 여래와 모두 다 평등하여 일체 불법에 자재하지 못함이 없기를 원한다.

일체 중생이 다 모든 부처님의 섭수하시는 바가 되어 항상 집착이 없는 업을 능히 수행하기를 원한다.

일체 중생이 항상 모든 부처님의 제일 시자가 되어 일체 부처님 처소에서 지혜의 행을 닦기를 원한다.

행무취착업
行無取著業하니라

원일체중생 상위제불제일시자 일체불
願一切衆生이 常爲諸佛第一侍者하야 一切佛

소 수지혜행
所에 修智慧行이니라

시위보살마하살 급시제불 선근회향
是爲菩薩摩訶薩의 給侍諸佛하야 善根迴向이니라

위욕증득제불보리 위욕구호일체중
爲欲證得諸佛菩提하며 爲欲救護一切衆

생 위욕출리일체삼계 위욕성취무손뇌
生하며 爲欲出離一切三界하며 爲欲成就無損惱

심
心하니라

위득무량광대보리 위욕성취조불법
爲得無量廣大菩提하며 爲欲成就照佛法

이것이 보살마하살이 모든 부처님을 모시는 선근으로 회향하는 것이다.

모든 부처님의 보리를 증득하려 하기 위함이며, 일체 중생을 구호하려 하기 위함이며, 일체 삼계에서 벗어나려 하기 위함이며, 괴롭히고 해침이 없는 마음을 성취하려 하기 위함이다.

한량없이 광대한 보리를 얻기 위함이며, 불법을 비추는 지혜를 성취하려 하기 위함이며, 항상 모든 부처님의 거두어 주심을 받으려 하기 위함이며, 모든 부처님의 보호하여 지켜주심을 얻기 위함이다.

지　　위욕상몽제불섭수　　위득제불지소호
智하며 爲欲常蒙諸佛攝受하며 爲得諸佛之所護

지
持하니라

위욕신해일체불법　　위욕성취여삼세불평
爲欲信解一切佛法하며 爲欲成就與三世佛平

등선근　　위욕원만무회한심　　증득일체
等善根하며 爲欲圓滿無悔恨心하야 證得一切

제불법고
諸佛法故니라

불자　보살마하살　보시국토일체제물
佛子야 菩薩摩訶薩이 布施國土一切諸物호대

내지왕위　　실역능사　　어제세사　심득
乃至王位라도 悉亦能捨하고 於諸世事에 心得

일체 불법을 믿고 이해하려 하기 위함이며, 삼세 부처님과 더불어 평등한 선근을 성취하려 하기 위함이며, 뉘우치고 한탄함이 없는 마음을 원만히 하여 일체 모든 부처님의 법을 증득하려 하기 위한 까닭이다.

불자들이여, 보살마하살이 국토와 일체 모든 물건을 보시하며, 내지 왕의 지위도 모두 또한 능히 버리며, 모든 세상 일에 마음이 자재함을 얻어서 얽힘도 없고 속박도 없으며, 그리워 애착하는 바도 없으며, 악업을 멀리 여의고 중생을 요익케 한다.

자재 무계무박 무소연착 원리악
自在하야 無繫無縛하며 無所戀著하며 遠離惡

업 요익중생
業하야 饒益衆生하니라

불착업과 불락세법 불부탐염제유생
不著業果하며 不樂世法하며 不復貪染諸有生

처 수주세간 비차처생 심불집착온
處하야 雖住世間이나 非此處生이며 心不執著蘊

계처법 어내외법 심무의주
界處法하야 於內外法에 心無依住하니라

상불망실제보살행 미증원리제선지
常不忘失諸菩薩行하며 未曾遠離諸善知

식 지제보살광대행원 상락승사일체
識하며 持諸菩薩廣大行願하야 常樂承事一切

선우
善友니라

업과 과보에 집착하지 않고 세상 법을 즐겨하지 아니하며, 모든 존재가 태어나는 곳을 다시 탐하여 물들지 아니하며, 비록 세간에 머무르나 이곳에 나는 것이 아니며, 마음이 온과 계와 처의 법에 집착하지 아니하며, 안과 밖의 법에 마음이 의지하거나 머무름이 없다.

항상 모든 보살들의 행을 잊지 아니하며, 일찍이 모든 선지식들을 멀리 여의지 아니하며, 모든 보살들의 광대한 행과 원을 지니어 항상 일체 선우를 받들어 섬기기를 즐겨한다.

보살이 그때에 이 선근으로 이와 같이 회향한다.

보살 이시 이차선근 여시회향
菩薩이 爾時에 以此善根으로 如是迴向하나니라

소위원일체중생 위대법왕 어법자재
所謂願一切衆生이 爲大法王하야 於法自在하야

도어피안 원일체중생 성불법왕 최
到於彼岸하며 願一切衆生이 成佛法王하야 摧

멸일체번뇌원적
滅一切煩惱怨賊하나니라

원일체중생 주불왕위 득여래지 개
願一切衆生이 住佛王位하야 得如來智하야 開

연불법 원일체중생 주불경계 능전
演佛法하며 願一切衆生이 住佛境界하야 能轉

무상자재법륜
無上自在法輪하나니라

원일체중생 생여래가 어법자재 호
願一切衆生이 生如來家하야 於法自在하야 護

이른바 일체 중생이 큰 법왕이 되어 법에 자재하여 피안에 이르기를 원하며, 일체 중생이 불법의 왕이 되어 일체 번뇌의 원수와 적을 꺾어 멸하기를 원한다.

일체 중생이 부처님 왕의 지위에 머무르면서 여래의 지혜를 얻어 부처님 법을 연설하기를 원하며, 일체 중생이 부처님의 경계에 머물러 위없이 자재한 법륜을 능히 굴리기를 원한다.

일체 중생이 여래의 집에 태어나 법에 자재하며 부처님 종성을 보호해 지녀서 영원히 끊어지지 않게 하기를 원한다.

일체 중생이 한량없는 법왕의 바른 법을 열

지불종　　영사부절
持佛種하야 永使不絶하니라

원일체중생　개시무량법왕정법　　성취무
願一切衆生이 開示無量法王正法하야 成就無

변제대보살
邊諸大菩薩하니라

원일체중생　주정법계　　위대법왕　　현
願一切衆生이 住淨法界하야 爲大法王하야 現

불출흥　　상계부단
佛出興하야 相繼不斷하니라

원일체중생　어제세계　작지혜왕　　화도
願一切衆生이 於諸世界에 作智慧王하야 化導

군생　　무시잠사
群生하야 無時暫捨하니라

원일체중생　보위법계허공계등제세계중
願一切衆生이 普爲法界虛空界等諸世界中

어 보이어 가없는 모든 큰 보살들을 성취하기를 원한다.

일체 중생이 청정한 법계에 머물러 큰 법왕이 되어서 부처님의 출현하심을 나타내어 계속 이어져 끊어지지 않게 하기를 원한다.

일체 중생이 모든 세계에서 지혜의 왕이 되어 군생들을 교화하고 인도하되 잠깐도 버림이 없기를 원한다.

일체 중생이 널리 법계와 허공계 등 모든 세계 가운데 일체 중생을 위하여 법의 시주가 되어 그들로 하여금 모두 대승에 머무름을 얻게 하기를 원하며, 일체 중생이 온갖 선을 구

일체중생 작법시주 사기함득주어대
一切衆生하야 作法施主하야 使其咸得住於大

승 원일체중생 득성구족중선지왕
乘하며 願一切衆生이 得成具足衆善之王하야

여삼세불 선근제등
與三世佛로 善根齊等이니라

시위보살마하살 보시왕위 선근회향
是爲菩薩摩訶薩의 布施王位하는 善根迴向이니

위욕령피일체중생 구경주어안은처고
爲欲令彼一切衆生으로 究竟住於安隱處故니라

불자 보살마하살 견유인래 걸왕경도
佛子야 菩薩摩訶薩이 見有人來하야 乞王京都

엄려대성 급이관방 소유수세 진개시
嚴麗大城과 及以關防의 所有輸稅어든 盡皆施

족한 왕이 되어 삼세 부처님과 더불어 선근이 같아 평등하기를 원한다.

이것이 보살마하살이 왕위를 보시하는 선근으로 회향하는 것이니, 저 일체 중생으로 하여금 구경에 편안한 곳에 머무르게 하기 위한 까닭이다.

불자들이여, 보살마하살이 어떤 사람이 와서 왕의 수도와 장엄하고 화려한 큰 성과 그리고 관방에 있는 바 세금을 구걸함을 보고 모두 다 베풀어 주되 마음에 아까워함이 없다.

오로지 보리를 향하여 큰 서원을 내며, 대자

여 심무린석
與호대 心無吝惜하니라

전향보리 발대서원 주어대자 행어
專向菩提하야 發大誓願하며 住於大慈하고 行於

대비 지의환열 이익중생 이광대지
大悲하야 志意歡悅하야 利益衆生하며 以廣大智로

해료심법 안주제불평등법성
解了深法하야 安住諸佛平等法性하니라

발심위구일체지고 어자재법 기심락
發心爲求一切智故며 於自在法에 起深樂

고 어자재지 구증득고 정수일체제공
故며 於自在智에 求證得故며 淨修一切諸功

덕고 주어견고광대지고 광집일체제선
德故며 住於堅固廣大智故며 廣集一切諸善

근고 수행일체불법원고 자연각오대지
根故며 修行一切佛法願故며 自然覺悟大智

에 머무르며, 대비를 행하며, 마음이 기뻐서 중생들을 이익하게 하며, 광대한 지혜로 깊은 법을 분명히 알며, 모든 부처님의 평등한 법의 성품에 편안히 머무른다.

발심하여 일체지를 구하기 위한 까닭이며, 자재한 법에 깊은 즐거움을 일으키는 까닭이며, 자재한 지혜를 증득하기를 구하는 까닭이며, 일체 모든 공덕을 깨끗하게 닦는 까닭이며, 견고하고 광대한 지혜에 머무르는 까닭이며, 일체 모든 선근을 널리 모으는 까닭이며, 일체 불법의 원을 닦아 행하는 까닭이며, 큰 지혜의 법을 자연히 깨닫는 까닭이며, 보리에 편안

법고 안주보리 심무퇴고 수습일체보
法故며 安住菩提하야 心無退故며 修習一切菩

살행원 일체종지 진구경고 이행보
薩行願하야 一切種智를 盡究竟故로 而行布

시
施하니라

이차선근 여시회향
以此善根으로 如是迴向하나니라

소위원일체중생 실능엄정무량찰토 봉
所謂願一切衆生이 悉能嚴淨無量刹土하야 奉

시제불 이위주처 원일체중생 상락
施諸佛하야 以爲住處하며 願一切衆生이 常樂

거지아란야처 적정부동
居止阿蘭若處하야 寂靜不動하니라

원일체중생 영불의지왕도취락 심락적
願一切衆生이 永不依止王都聚落하고 心樂寂

히 머물러 마음이 물러나지 않는 까닭이며, 일체 보살의 행과 원을 닦아 익혀서 일체종지를 끝까지 다하는 까닭으로 보시를 행한다.

이 선근으로 이와 같이 회향한다.

이른바 일체 중생이 모두 능히 한량없는 국토를 깨끗이 장엄하여 모든 부처님께 받들어 보시하여 주처가 되기를 원하며, 일체 중생이 아란야처에 머물러 있기를 항상 즐겨하여 적정하고 흔들림이 없기를 원한다.

일체 중생이 영원히 왕도나 취락을 의지하지 않고 마음에 적정을 즐겨하여 길이 구경을 얻기를 원하며, 일체 중생이 길이 일체 세간을

정 영득구경 원일체중생 영불락착
靜하야 永得究竟하며 願一切衆生이 永不樂著

일체세간 어세어언 상락원리
一切世間하야 於世語言에 常樂遠離하니라

원일체중생 득리탐심 시제소유 심
願一切衆生이 得離貪心하야 施諸所有호대 心

무중회 원일체중생 득출리심 사제
無中悔하며 願一切衆生이 得出離心하야 捨諸

가업
家業하니라

원일체중생 득무린심 상행혜시 원
願一切衆生이 得無吝心하야 常行惠施하며 願

일체중생 득불착심 이거가법
一切衆生이 得不著心하야 離居家法하니라

원일체중생 득리중고 제멸일체재횡포
願一切衆生이 得離衆苦하야 除滅一切災橫怖

즐겨 집착하지 아니하고 항상 세간의 언어를 멀리 여읨을 즐겨하기를 원한다.

일체 중생이 탐욕을 떠난 마음을 얻어 모든 소유를 보시하되 마음이 중간에 후회함이 없기를 원하며, 일체 중생이 벗어나는 마음을 얻어 모든 가업을 버리기를 원한다.

일체 중생이 아낌이 없는 마음을 얻어 항상 보시하기를 원하며, 일체 중생이 집착하지 않는 마음을 얻어 집에 거처하는 법을 여의기를 원한다.

일체 중생이 온갖 고통 여읨을 얻어 일체 재난과 횡액의 두려움을 멸하여 없애기를 원하며, 일체 중생이 시방의 일체 세계를 청정하게 장엄

외 원일체중생 엄정시방일체세계
畏하며 願一切衆生이 嚴淨十方一切世界하야

봉시제불
奉施諸佛이니라

시위보살마하살 보시왕도 선근회향
是爲菩薩摩訶薩의 布施王都하는 善根迴向이니

위령중생 실능엄정제불찰고
爲令衆生으로 悉能嚴淨諸佛刹故니라

불자 보살마하살 소유일체내궁권속 기
佛子야 菩薩摩訶薩이 所有一切內宮眷屬과 妓

시중녀 개안모단정 재능구족 담소
侍衆女가 皆顔貌端正하고 才能具足하며 談笑

가무 실개교묘 종종의복 종종화향
歌舞가 悉皆巧妙하며 種種衣服과 種種華香으로

하여 모든 부처님께 받들어 보시하기를 원한다.

이것이 보살마하살이 왕도를 보시하는 선근으로 회향하는 것이니, 중생들로 하여금 다 능히 모든 부처님 세계를 깨끗이 장엄하게 하기 위한 까닭이다.

불자들이여, 보살마하살이 있는 바 일체 내궁의 권속과 기예로 시중드는 많은 여인들이 모두 얼굴과 용모가 단정하고 재능이 구족하며, 말하고 웃고 노래하고 춤추는 것이 모두 다 교묘하며, 갖가지 의복과 갖가지 꽃과 향으로 몸을 장엄하였으니, 보는 자가 환희하여 만

이이엄신 견자환희 정무염족
而以嚴身이라 見者歡喜하야 情無厭足하나니라

여시보녀백천만억나유타수 개유보살선
如是寶女百千萬億那由他數가 皆由菩薩善

업소생 수의자재 경순무실
業所生이라 隨意自在하야 敬順無失이니라

진이보시제래걸자 이어기중 무애락
盡以布施諸來乞者호대 而於其中에 無愛樂

심 무고연심 무탐착심 무계박심
心하며 無顧戀心하며 無耽著心하며 無繫縛心하며

무집취심 무탐염심 무분별심 무수
無執取心하며 無貪染心하며 無分別心하며 無隨

축심 무취상심 무낙욕심
逐心하며 無取相心하며 無樂欲心이니라

보살 이시 관제선근 위욕령일체중
菩薩이 爾時에 觀諸善根하고 爲欲令一切衆

족해 싫은 생각이 없다.

이와 같은 보배 여인 백천만억 나유타 수가 모두 보살의 선업으로 말미암아 생긴 것이며, 뜻 따라 자재하여 공경히 수순하고 허물이 없다.

모든 와서 구걸하는 자들에게 다 보시하되 그 가운데 사랑하는 마음이 없으며, 돌아보고 그리워하는 마음이 없으며, 탐착하는 마음이 없으며, 얽매이고 속박하는 마음이 없으며, 가져 취하는 마음이 없으며, 탐하여 물드는 마음이 없으며, 분별하는 마음이 없으며, 따라가는 마음이 없으며, 형상을 취하는 마음이 없

생 함득출리고 회향 득불법희고 회
生으로 咸得出離故로 迴向하며 得佛法喜故로 迴

향
向하니라

어불견고중 이득견고고 회향 득금강
於不堅固中에 而得堅固故로 迴向하며 得金剛

지불가괴심고 회향 입불도량고 회향
智不可壞心故로 迴向하며 入佛道場故로 迴向하며

도어피안고 회향 득무상보리심고 회
到於彼岸故로 迴向하며 得無上菩提心故로 迴

향
向하니라

능이지혜 요달제법고 회향 출생일
能以智慧로 了達諸法故로 迴向하며 出生一

체선근고 회향 입삼세제불가고 회
切善根故로 迴向하며 入三世諸佛家故로 迴

으며, 즐겨 욕심내는 마음이 없다.

보살이 그때에 모든 선근을 관찰하고 일체 중생으로 하여금 다 벗어남을 얻게 하려는 까닭으로 회향하며, 부처님의 법에 기쁨을 얻게 하려는 까닭으로 회향한다.

견고하지 못한 가운데 견고함을 얻게 하려는 까닭으로 회향하며, 금강지혜의 깨뜨릴 수 없는 마음을 얻게 하려는 까닭으로 회향하며, 부처님 도량에 들게 하려는 까닭으로 회향하며, 피안에 이르게 하려는 까닭으로 회향하며, 위없는 보리심을 얻게 하려는 까닭으로 회향한다.

능히 지혜로 모든 법을 요달하게 하려는 까

향
向하나니라

불자 보살마하살 주여시법 생여래가
佛子야 菩薩摩訶薩이 住如是法하야 生如來家하며

증장제불청정승인 출생최승일체지도
增長諸佛清淨勝因하며 出生最勝一切智道하며

심입보살광대지업
深入菩薩廣大智業하니라

멸제일체세간구뇌 상능공시공덕복
滅除一切世間垢惱하며 常能供施功德福

전 위제중생 선설묘법 선교안립
田하며 爲諸衆生하야 宣說妙法하며 善巧安立하며

영기수습제청정행 상근섭취일체선
令其修習諸清淨行하며 常勤攝取一切善

근
根이니라

닭으로 회향하며, 일체 선근을 출생하게 하려는 까닭으로 회향하며, 삼세 모든 부처님의 집에 들어가게 하려는 까닭으로 회향한다.

불자들이여, 보살마하살이 이와 같은 법에 머물러서 여래의 집에 태어나며, 모든 부처님의 청정하고 수승한 인을 증장하며, 가장 수승한 일체 지혜의 도를 출생하며, 보살의 광대한 지혜의 업에 깊이 들어간다.

일체 세간의 때와 번뇌를 멸하여 없애며, 항상 능히 공덕의 복전에 공양올리고 보시하며, 모든 중생들을 위하여 묘한 법을 펴 연설하며, 매우 교묘하게 안립하여 그들로 하여금 모

보살 이시 이제선근 여시회향
菩薩이 爾時에 以諸善根으로 如是迴向하나니라

소위원일체중생 상득무량삼매권속 보
所謂願一切衆生이 常得無量三昧眷屬하야 菩

살승정 상속부단
薩勝定이 相續不斷하나니라

원일체중생 상락견불 실입제불장엄삼
願一切衆生이 常樂見佛하야 悉入諸佛莊嚴三

매
昧하나니라

원일체중생 성취보살부사의정 자재유
願一切衆生이 成就菩薩不思議定하야 自在遊

희무량신통
戲無量神通하나니라

원일체중생 입여실정 득불괴심
願一切衆生이 入如實定하야 得不壞心하나니라

든 청정한 행을 닦아 익히게 하며, 항상 부지런히 일체 선근을 거두어 취하게 한다.

보살이 그때에 모든 선근으로 이와 같이 회향한다.

이른바 일체 중생이 한량없는 삼매와 권속을 얻어 보살의 수승한 선정이 계속되고 끊어지지 않기를 원한다.

일체 중생이 항상 즐거이 부처님을 친견하여 모든 부처님의 장엄한 삼매에 모두 들어가기를 원한다.

일체 중생이 보살의 부사의한 선정을 성취하여 한량없는 신통에 자재하게 유희하기를 원한다.

원일체중생 진획보살심심삼매 어제선
願一切衆生이 盡獲菩薩甚深三昧하야 於諸禪

정 이득자재
定에 而得自在하니라

원일체중생 득해탈심 성취일체삼매권
願一切衆生이 得解脫心하야 成就一切三昧眷

속
屬하니라

원일체중생 종종삼매 개득선교 실능
願一切衆生이 種種三昧에 皆得善巧하야 悉能

섭취제삼매상
攝取諸三昧相하니라

원일체중생 득승지삼매 보능학습제삼
願一切衆生이 得勝智三昧하야 普能學習諸三

매문
昧門하니라

일체 중생이 실제와 같은 선정에 들어 부서지지 않는 마음을 얻기를 원한다.

일체 중생이 보살의 매우 깊은 삼매를 다 얻어 모든 선정에 자재함 얻기를 원한다.

일체 중생이 해탈한 마음을 얻어 일체 삼매와 권속을 성취하기를 원한다.

일체 중생이 갖가지 삼매에 모두 선교를 얻어 모든 삼매의 모습을 다 능히 섭취하기를 원한다.

일체 중생이 수승한 지혜 삼매를 얻어 널리 모든 삼매의 문을 능히 배워 익히기를 원한다.

일체 중생이 걸림 없는 삼매를 얻어 깊은 선정에 들어가 마침내 물러나 잃어버리지 않기

원일체중생 득무애삼매 입심선정
願一切衆生이 得無礙三昧하야 入深禪定하야

종불퇴실
終不退失하니라

원일체중생 득무착삼매 심항정수
願一切衆生이 得無著三昧하야 心恒正受하야

불취이법
不取二法이니라

시위보살마하살 보시일체내궁권속시
是爲菩薩摩訶薩의 布施一切內宮眷屬時에

선근회향
善根迴向이니라

위욕령일체중생 개득불괴청정권속고
爲欲令一切衆生으로 皆得不壞淸淨眷屬故며

위욕령일체중생 개득보살권속고 위욕
爲欲令一切衆生으로 皆得菩薩眷屬故며 爲欲

를 원한다.

일체 중생이 집착이 없는 삼매를 얻어 마음이 항상 바르게 받아들이고 두 가지 법을 취하지 않기를 원한다.

이것이 보살마하살이 일체 내궁의 권속들을 보시할 때에 선근으로 회향하는 것이다.

일체 중생으로 하여금 깨뜨릴 수 없는 청정한 권속을 다 얻게 하려는 까닭이며, 일체 중생으로 하여금 보살의 권속을 다 얻게 하려는 까닭이며, 일체 중생으로 하여금 모두 부처님 법을 만족함을 얻게 하려는 까닭이다.

일체 중생으로 하여금 일체 지혜의 힘을 만

령일체중생 실득만족불법고
令一切衆生으로 悉得滿足佛法故니라

위욕령일체중생 만족일체지력고 위욕
爲欲令一切衆生으로 滿足一切智力故며 爲欲

령일체중생 증어무상지혜고 위욕령일
令一切衆生으로 證於無上智慧故며 爲欲令一

체중생 득어수순권속고
切衆生으로 得於隨順眷屬故니라

위욕령일체중생 득동지행인공거고 위
爲欲令一切衆生으로 得同志行人共居故며 爲

욕령일체중생 구족일체복지고 위욕령
欲令一切衆生으로 具足一切福智故며 爲欲令

일체중생 성취청정선근고
一切衆生으로 成就淸淨善根故니라

위욕령일체중생 득선화권속고 위욕령
爲欲令一切衆生으로 得善和眷屬故며 爲欲令

족하게 하려는 까닭이며, 일체 중생으로 하여금 위없는 지혜를 증득하게 하려는 까닭이며, 일체 중생으로 하여금 수순하는 권속을 얻게 하려는 까닭이다.

일체 중생으로 하여금 뜻이 같은 수행인과 함께 살게 하려는 까닭이며, 일체 중생으로 하여금 일체 복과 지혜를 구족하게 하려는 까닭이며, 일체 중생으로 하여금 청정한 선근을 성취하게 하려는 까닭이다.

일체 중생으로 하여금 잘 화합하는 권속을 얻게 하려는 까닭이며, 일체 중생으로 하여금 여래의 청정한 법신을 성취하게 하려는 까닭

일체중생　　성취여래청정법신고　위욕령
一切衆生으로 成就如來淸淨法身故며 爲欲令

일체중생　　성취차제여리변재　　선설제
一切衆生으로 成就次第如理辯才하야 善說諸

불무진법장고
佛無盡法藏故니라

위욕령일체중생　　영사일체세속선근
爲欲令一切衆生으로 永捨一切世俗善根하고

동수출세청정선근고　위욕령일체중생
同修出世淸淨善根故며 爲欲令一切衆生으로

정업원만　　성취일체청정법고　위욕령일
淨業圓滿하야 成就一切淸淨法故며 爲欲令一

체중생　　일체불법　개실현전　　이법광
切衆生으로 一切佛法이 皆悉現前하야 以法光

명　　보엄정고
明으로 普嚴淨故니라

이며, 일체 중생으로 하여금 차례로 이치와 같은 변재를 성취하여 모든 부처님의 다함없는 법장을 잘 연설하게 하려는 까닭이다.

일체 중생으로 하여금 길이 일체 세속의 선근을 버리고 출세간의 청정한 선근을 함께 닦게 하려는 까닭이며, 일체 중생으로 하여금 깨끗한 업이 원만하여 일체 청정한 법을 성취하게 하려는 까닭이며, 일체 중생으로 하여금 일체 부처님 법이 모두 다 앞에 나타나 법의 광명으로 널리 깨끗하게 장엄케 하려는 까닭이다.

불자 보살마하살 능이소애처자 보시
佛子야 菩薩摩訶薩이 能以所愛妻子로 布施호대

유여왕석수달라태자 현장엄왕보살 급
猶如往昔須達拏太子와 現莊嚴王菩薩과 及

여무량제보살등
餘無量諸菩薩等하니라

보살 이시 승살바야심 행일체시 정
菩薩이 爾時에 乘薩婆若心하고 行一切施하야 淨

수보살보시지도 기심청정 무유중회
修菩薩布施之道호대 其心清淨하야 無有中悔하고

경사소진 구일체지 영제중생 정심
罄捨所珍하야 求一切智하며 令諸衆生으로 淨深

지락 성보리행 관보살도 염불보리
志樂하야 成菩提行하며 觀菩薩道하며 念佛菩提하며

주불종성
住佛種性이니라

불자들이여, 보살마하살이 능히 사랑하는 처자로 보시하되, 마치 지난 옛적의 수달라 태자와 현장엄왕 보살과 그리고 다른 한량없는 모든 보살들같이 한다.

보살이 그때에 살바야의 마음을 타고 일체 보시를 행하여 보살의 보시하는 도를 깨끗이 닦되 그 마음이 청정하여 중간에 후회함이 없으며, 진귀한 것을 다 버려서 일체지를 구하며, 모든 중생들로 하여금 깊은 뜻의 즐거움을 깨끗이 하여 보리행을 이루며, 보살도를 관하며, 부처님의 보리를 생각하며, 부처님의 종성에 머무르게 한다.

보살마하살 성판여시보시심이 결정지
菩薩摩訶薩이 成辨如是布施心已에 決定志

구여래지신 자관기신 계속일체 부득
求如來之身하야 自觀己身이 繼屬一切라 不得

자재
自在하니라

우이기신 보섭중생 유여보주 급시
又以其身으로 普攝衆生호대 猶如寶洲에 給施

일체 미만족자 영기만족 보살 여시
一切하야 未滿足者로 令其滿足이니 菩薩이 如是

호념중생
護念衆生하니라

욕령자신 작제일탑 보사일체 개생
欲令自身으로 作第一塔하야 普使一切로 皆生

환희 욕어세간 생평등심 욕위중생
歡喜하며 欲於世間에 生平等心하며 欲爲衆生하야

보살마하살이 이와 같이 보시하는 마음을 갖추고는 결정코 뜻에 여래의 몸을 구하며, 스스로 자기 몸이 일체에 매여 자재하지 못함을 관한다.

또 그 몸으로 중생들을 널리 거두기를, 마치 보물섬이 일체를 베풀어서 만족하지 못한 자로 하여금 만족하게 하듯이 보살도 이와 같이 중생들을 호념한다.

자기의 몸으로 제일의 탑이 되어 널리 일체로 하여금 다 환희를 내게 하려고 하며, 세간에 평등한 마음을 내려고 하며, 중생들을 위하여 청량한 못이 되려고 하며, 중생들에게

작청량지　욕여중생　일체안락
作清涼池하며 欲與衆生으로 一切安樂하니라

욕위중생　작대시주　지혜자재　요지
欲爲衆生하야 作大施主하며 智慧自在하야 了知

보살소행지행　이능여시대서장엄　취
菩薩所行之行하고 而能如是大誓莊嚴으로 趣

일체지　원성무상지혜복전
一切智하야 願成無上智慧福田하니라

보념중생　상수수호　이능성판자신이
普念衆生하야 常隨守護하야 而能成辨自身利

익　지혜광명　보조어세　상근억념보
益하며 智慧光明으로 普照於世하야 常勤憶念菩

살시심　항락관찰여래경계
薩施心하며 恒樂觀察如來境界니라

불자　보살마하살　이무박무착해탈심
佛子야 菩薩摩訶薩이 以無縛無著解脫心으로

일체 안락을 주려고 한다.

중생들을 위하여 큰 시주가 되려고 하며, 지혜가 자재하여 보살이 행할 바 행을 분명히 알려고 하며, 능히 이와 같은 큰 서원의 장엄으로 일체지에 나아가서 위없는 지혜와 복전을 이루기를 원한다.

널리 중생들을 생각하여 항상 따라 수호하되 능히 자신의 이익을 갖추며, 지혜의 광명으로 세상을 널리 비추어 항상 부지런히 보살의 보시하는 마음을 생각하며, 여래의 경계를 관찰하기를 항상 즐겨한다.

불자들이여, 보살마하살이 속박이 없고 집

보시처자 소집선근 여시회향
布施妻子하야 所集善根으로 如是迴向하나니라

소위원일체중생 주불보리 기변화신
所謂願一切衆生이 住佛菩提하야 起變化身하야

주변법계 전불퇴륜
周徧法界하야 轉不退輪하니라

원일체중생 득무착신 원력주행일체불
願一切衆生이 得無著身하야 願力周行一切佛

찰
刹하니라

원일체중생 사애증심 단탐에결
願一切衆生이 捨愛憎心하고 斷貪恚結하니라

원일체중생 위제불자 수불소행
願一切衆生이 爲諸佛子하야 隨佛所行하니라

원일체중생 어제불소 생자기심 불가
願一切衆生이 於諸佛所에 生自己心하야 不可

착이 없는 해탈한 마음으로 처자를 보시하여 모은 바 선근으로 이와 같이 회향한다.

이른바 일체 중생이 부처님의 보리에 머물러 변화하는 몸을 일으켜서 법계에 두루하여 물러남이 없는 법륜을 굴리기를 원한다.

일체 중생이 집착함이 없는 몸을 얻어서 원력으로 일체 부처님 세계에 두루 다니기를 원한다.

일체 중생이 사랑하고 미워하는 마음을 버리고 탐욕과 성냄의 번뇌를 끊기를 원한다.

일체 중생이 모두 불자가 되어 부처님의 행하신 바를 따르기를 원한다.

일체 중생이 모든 부처님 처소에서 자기라는

저괴
沮壞하니라

원일체중생 상위불자 종법화생
願一切衆生이 常爲佛子하야 從法化生하니라

원일체중생 득구경처 성취여래자재지
願一切衆生이 得究竟處하야 成就如來自在智

혜
慧하니라

원일체중생 증불보리 영리번뇌 원
願一切衆生이 證佛菩提하야 永離煩惱하며 願

일체중생 능구연설불보리도 상락수행
一切衆生이 能具演說佛菩提道하야 常樂修行

무상법시
無上法施하니라

원일체중생 득정정심 불위일체제연소
願一切衆生이 得正定心하야 不爲一切諸緣所

마음을 내어 막아 무너뜨릴 수 없기를 원한다.

일체 중생이 항상 불자가 되어 법을 좇아 화생하기를 원한다.

일체 중생이 구경처를 얻어서 여래의 자재한 지혜를 성취하기를 원한다.

일체 중생이 부처님의 보리를 증득하여 번뇌를 영원히 여의기를 원하며, 일체 중생이 능히 부처님의 보리도를 구족하게 연설하여 위없는 법보시를 항상 즐겨 수행하기를 원한다.

일체 중생이 바른 선정의 마음을 얻어서 일체 모든 인연으로 무너뜨릴 바가 되지 않기를 원하며, 일체 중생이 보리수에 앉아서 최정각

괴 원일체중생 좌보리수 성최정각
壞하며 願一切衆生이 坐菩提樹하야 成最正覺하야

개시무량종법화생제선남녀
開示無量從法化生諸善男女니라

시위보살마하살 보시처자 선근회향
是爲菩薩摩訶薩의 布施妻子하는 善根迴向이니

위령중생 개실증득무애해탈무착지
爲令衆生으로 皆悉證得無礙解脫無著智

고
故니라

불자 보살마하살 장엄사택 급제자구
佛子야 菩薩摩訶薩이 莊嚴舍宅과 及諸資具를

수유걸구 일체시여 행보시법 어가
隨有乞求하야 一切施與하야 行布施法하며 於家

을 이루고 한량없이 법을 좇아 화생하는 모든 선남선녀를 열어 보이기를 원한다.

이것이 보살마하살이 처자를 보시하는 선근으로 회향하는 것이니, 중생들로 하여금 모두 다 걸림 없는 해탈과 집착 없는 지혜를 증득하게 하기 위한 까닭이다.

불자들이여, 보살마하살이 장엄한 집과 모든 살림 도구를 구걸함이 있음을 따라 일체를 보시하되 보시하는 법을 행하며, 집에 집착이 없으며, 일체 집에서 사는 각관을 멀리 여의어 가업과 살림 도구를 싫어하며, 탐하지도 아니

무착 원리일체거가각관 염오가업자
無著하야 遠離一切居家覺觀하고 厭惡家業資

생지구 불탐불미 심무계착
生之具하야 不貪不味하야 心無繫著하니라

지가이괴 심항염사 도어기중 무소
知家易壞하야 心恒厭捨하야 都於其中에 無所

애락
愛樂하니라

단욕출가 수보살행 이제불법 이자
但欲出家하야 修菩薩行하야 以諸佛法으로 而自

장엄 일체실사 심무중회 상위제불
莊嚴하며 一切悉捨호대 心無中悔하야 常爲諸佛

지소찬탄 사택재물 수처소유 실이혜
之所讚歎하며 舍宅財物의 隨處所有를 悉以惠

시 심무연착 견유걸구 심생희경
施호대 心無戀著하야 見有乞求에 心生喜慶이니라

하고 맛들이지도 아니하여 마음에 얽매이고 집착함이 없다.

집은 쉽게 무너지는 줄 알아서 마음으로 항상 싫어하여 버리며, 모두 그 가운데 사랑하는 바가 없다.

단지 출가하여 보살행을 닦아 모든 부처님 법으로 스스로 장엄하려 하며, 일체를 다 버리되 마음이 중간에 후회하지 아니하며, 항상 모든 부처님의 찬탄하시는 바가 되며, 집과 재물과 처소를 따라 있는 것을 모두 보시하되 마음에 연연하여 애착함이 없으며, 구걸함이 있음을 보면 마음에 기쁨을 낸다.

보살 이시 이차선근 여시회향
菩薩이 爾時에 以此善根으로 如是迴向하나니라

소위원일체중생 사리처자 성취출가제
所謂願一切衆生이 捨離妻子하고 成就出家第

일지락
一之樂하니라

원일체중생 해탈가박 입어비가 제
願一切衆生이 解脫家縛하고 入於非家하야 諸

불법중 수행범행
佛法中에 修行梵行하니라

원일체중생 사리간구 낙일체시 심
願一切衆生이 捨離慳垢하고 樂一切施하야 心

무퇴전
無退轉하니라

원일체중생 영리가법 소욕지족 무
願一切衆生이 永離家法하고 少欲知足하야 無

보살이 그때에 이 선근으로 이와 같이 회향한다.

이른바 일체 중생이 처자를 버리고 떠나서 출가하는 제일의 낙을 성취하기를 원한다.

일체 중생이 집의 속박에서 해탈하여 집 아닌 데 들어가서 모든 부처님의 법 가운데 범행을 수행하기를 원한다.

일체 중생이 간탐의 때를 버리고 여의어서 일체 보시를 즐겨하여 마음에 퇴전함이 없기를 원한다.

일체 중생이 집의 법도를 영원히 여의고 적은 욕구로 만족함을 알아서 저장하여 쌓아두

소장적
所藏積하니라

원일체중생 출세속가 주여래가
願一切衆生이 出世俗家하야 住如來家하니라

원일체중생 득무애법 멸제일체장애지
願一切衆生이 得無礙法하야 滅除一切障礙之

도
道하니라

원일체중생 이가속애 수현거가 심무
願一切衆生이 離家屬愛하야 雖現居家나 心無

소착 원일체중생 선능화유 불리가
所著하며 願一切衆生이 善能化誘하야 不離家

법 설불지혜
法하고 說佛智慧하니라

원일체중생 신현재가 심상수순불지이
願一切衆生이 身現在家호대 心常隨順佛智而

는 바가 없기를 원한다.

일체 중생이 세속의 집을 떠나서 여래의 집에 머무르기를 원한다.

일체 중생이 걸림 없는 법을 얻어서 일체 장애하는 도를 멸하여 없애기를 원한다.

일체 중생이 집안 권속이라는 애착을 떠나서 비록 집에 있음을 나타내나 마음에 집착하는 바가 없기를 원하며, 일체 중생이 잘 능히 교화하고 인도하여 집의 법도를 여의지 않고 부처님의 지혜를 말하기를 원한다.

일체 중생이 몸은 집에 있음을 나타내나 마음은 항상 부처님의 지혜를 수순하여 머무르

주 원일체중생 재거가지 주어불지
住하며 願一切衆生이 在居家地호대 住於佛地하야

보령무량무변중생 발환희심
普令無量無邊衆生으로 發歡喜心이니라

시위보살마하살 보시사택시 선근회향
是爲菩薩摩訶薩의 布施舍宅時에 善根迴向이니

위령중생 성취보살종종행원신통지고
爲令衆生으로 成就菩薩種種行願神通智故니라

불자 보살마하살 보시종종원림대사유
佛子야 菩薩摩訶薩이 布施種種園林臺榭遊

희쾌락장엄지처 작시념언
戲快樂莊嚴之處에 作是念言하니라

아당위일체중생 작호원림 아당위일
我當爲一切衆生하야 作好園林하며 我當爲一

기를 원하며, 일체 중생이 집에 사는 처지에 있으나 부처님 지위에 머물러서 널리 한량없고 가없는 중생들로 하여금 환희심을 내게 하기를 원한다.

이것이 보살마하살이 집을 보시할 때에 선근으로 회향하는 것이니, 중생들로 하여금 보살의 갖가지 행과 원과 신통과 지혜를 성취하게 하기 위한 까닭이다.

불자들이여, 보살마하살이 갖가지 원림과 누대와 유희하고 쾌락한 장엄한 처소를 보시하며 이 생각을 하여 말한다.

체중생 시현법락
切衆生하야 示現法樂하니라

아당시일체중생환희지의 아당시일체중
我當施一切衆生歡喜之意하며 我當示一切衆

생무변희락 아당위일체중생 개정법
生無邊喜樂하며 我當爲一切衆生하야 開淨法

문
門하니라

아당영일체중생 발환희심 아당영일
我當令一切衆生으로 發歡喜心하며 我當令一

체중생 득불보리 아당영일체중생
切衆生으로 得佛菩提하며 我當令一切衆生으로

성만대원
成滿大願하니라

아당어일체중생 유여자부 아당영일체
我當於一切衆生에 猶如慈父하며 我當令一切

'내가 마땅히 일체 중생을 위하여 좋은 원림이 되며, 내가 마땅히 일체 중생을 위하여 법의 즐거움을 나타내 보이리라.

내가 마땅히 일체 중생에게 환희한 뜻을 보시하며, 내가 마땅히 일체 중생에게 가없는 희락을 보이며, 내가 마땅히 일체 중생을 위하여 청정한 법문을 열어 주리라.

내가 마땅히 일체 중생으로 하여금 환희심을 내게 하며, 내가 마땅히 일체 중생으로 하여금 부처님 보리를 얻게 하며, 내가 마땅히 일체 중생으로 하여금 대원을 원만히 이루게 하리라.

중생 지혜관찰 아당시일체중생자생
衆生으로 智慧觀察하며 我當施一切衆生資生

지구 아당어일체중생 유여자모 생
之具하며 我當於一切衆生에 猶如慈母하야 生

장일체선근대원
長一切善根大願이니라

불자 보살마하살 여시수행제선근시 어
佛子야 菩薩摩訶薩이 如是修行諸善根時에 於

악중생 불생피염 역불오기기사지심
惡衆生에 不生疲厭하고 亦不誤起棄捨之心하나니라

설만세간일체중생 실부지은 보살
設滿世間一切衆生이 悉不知恩이라도 菩薩이

어피 초무혐한 불생일념구반보심
於彼에 初無嫌恨하야 不生一念求反報心하고

단욕멸기무량고뇌
但欲滅其無量苦惱하나니라

내가 마땅히 일체 중생에게 마치 자애로운 아버지와 같이 하며, 내가 마땅히 일체 중생으로 하여금 지혜로 관찰하게 하며, 내가 마땅히 일체 중생에게 생활 도구를 보시하며, 내가 마땅히 일체 중생에게 마치 자애로운 어머니와 같이 하여 일체 선근과 대원을 생장케 하리라.'

불자들이여, 보살마하살이 이와 같이 모든 선근을 수행할 때에 악한 중생에게 피로해하거나 싫어함을 내지 아니하며, 또한 버리는 마음을 잘못 일으키지도 아니한다.

설령 세간에 가득한 일체 중생이 모두 은혜

어제세간 심여허공 무소염착 보관
於諸世間에 心如虛空하야 無所染著하며 普觀

제법진실지상 발대서원 멸중생고
諸法眞實之相하고 發大誓願하야 滅衆生苦하며

영불염사대승지원 멸일체견 수제보
永不厭捨大乘志願하고 滅一切見하야 修諸菩

살평등행원
薩平等行願이니라

불자 보살마하살 여시관찰이 섭제선
佛子야 菩薩摩訶薩이 如是觀察已하고 攝諸善

근 실이회향
根하야 悉以迴向하나니라

소위원일체중생 염념자생무량선법 성
所謂願一切衆生이 念念滋生無量善法하야 成

취무상원림지심 원일체중생 득부동법
就無上園林之心하며 願一切衆生이 得不動法하야

를 알지 못하더라도 보살은 그들에게 처음부터 싫어하거나 한탄하는 마음이 없고, 잠깐이라도 도리어 보답을 구하는 마음을 내지 아니하고, 단지 그들의 한량없는 고뇌를 없애려고 한다.

모든 세간에 대하여 마음이 허공과 같아서 물들어 집착하는 바가 없으며, 모든 법의 진실한 모양을 널리 관하고 큰 서원을 일으켜 중생의 고통을 멸하며, 대승의 뜻과 원을 영원히 싫어하여 버리지 아니하며, 일체 소견을 멸하여 모든 보살들의 평등한 행원을 닦는다.

불자들이여, 보살마하살이 이와 같이 관찰하

견일체불 개령환희
見一切佛하고 皆令歡喜하니라

원일체중생 낙법원원 득제불찰원원묘
願一切衆生이 樂法園苑하야 得諸佛刹園苑妙

락 원일체중생 득정묘심 상견여래
樂하며 願一切衆生이 得淨妙心하야 常見如來

신족원림
神足園林하니라

원일체중생 득불희락 상선유희지혜경
願一切衆生이 得佛戲樂하야 常善遊戲智慧境

계 원일체중생 득유희락 보예불찰
界하며 願一切衆生이 得遊戲樂하야 普詣佛刹

도량중회
道場衆會하니라

원일체중생 성취보살해탈유희 진미래
願一切衆生이 成就菩薩解脫遊戲하야 盡未來

고는 모든 선근을 거두어서 다 회향한다.

이른바 일체 중생이 생각생각 한량없는 선한 법을 더욱 내어 위없는 원림의 마음을 성취하기를 원하며, 일체 중생이 흔들리지 않는 법을 얻어 일체 부처님을 친견하고 다 환희케 하기를 원한다.

일체 중생이 법의 동산을 즐겨하여 모든 부처님 세계의 동산에서 미묘한 낙을 얻기를 원하며, 일체 중생이 깨끗하고 미묘한 마음을 얻어 여래의 신족의 원림을 항상 보기를 원한다.

일체 중생이 부처님의 희락을 얻어 항상 지혜의 경계에서 잘 유희하기를 원하며, 일체 중

겁 행보살행 심무피권 원일체중생
劫토록 行菩薩行호대 心無疲倦하며 願一切衆生이

견일체불 충만법계 발광대심 주불
見一切佛이 充滿法界하고 發廣大心하야 住佛

원림
園林하니라

원일체중생 실능변왕일체불찰 일일찰
願一切衆生이 悉能徧往一切佛刹하야 一一刹

중 공양제불
中에 供養諸佛하니라

원일체중생 득선욕심 청정장엄일체불
願一切衆生이 得善欲心하야 淸淨莊嚴一切佛

찰
刹이니라

시위보살마하살 보시일체원림대사 선
是爲菩薩摩訶薩의 布施一切園林臺榭하는 善

생이 유희하는 낙을 얻어 널리 부처님 세계 도량의 대중모임에 널리 나아가기를 원한다.

일체 중생이 보살의 해탈하는 유희를 성취하여 미래겁이 다하도록 보살행을 행하되 마음에 고달픔이 없기를 원하며, 일체 중생이 일체 부처님께서 법계에 충만하심을 보고 광대한 마음을 내어 부처님의 원림에 머무르기를 원한다.

일체 중생이 모두 능히 일체 부처님 세계에 두루 가서 낱낱 세계 가운데 모든 부처님께 공양올리기를 원한다.

일체 중생이 좋은 하고자 하는 마음을 얻어 일체 부처님 세계를 청정하게 장엄하기를 원한다.

근회향 위령중생 견일체불유희 일
根迴向이니 爲令衆生으로 見一切佛遊戲와 一

체불원림고
切佛園林故니라

불자 보살마하살 작백천억나유타무량
佛子야 菩薩摩訶薩이 作百千億那由他無量

무수광대시회 일체청정 제불인가
無數廣大施會호대 一切淸淨하야 諸佛印可라

종불손뇌어일중생 보령중생 원리중
終不損惱於一衆生하야 普令衆生으로 遠離衆

악 정삼업도 성취지혜
惡하고 淨三業道하야 成就智慧하니라

개치무량백천억나유타아승지청정경계
開置無量百千億那由他阿僧祇淸淨境界하며

이것이 보살마하살이 일체 원림과 누대를 보시하는 선근으로 회향하는 것이니, 중생들로 하여금 일체 부처님의 유희와 일체 부처님의 원림을 보게 하기 위한 까닭이다.

불자들이여, 보살마하살이 백천억 나유타 한량없고 수없고 광대하게 보시하는 모임을 만드는데, 일체가 청정하여 모든 부처님께서 인가하시는 바이다.

마침내 한 중생도 해치거나 괴롭히지 않고, 널리 중생들로 하여금 온갖 악을 멀리 여의고 삼업의 도를 깨끗이 하여 지혜를 성취하게 한다.

적집무량백천억나유타아승지자생묘물
積集無量百千億那由他阿僧祇資生妙物하고

발심난득보리지심 행무한시
發甚難得菩提之心하야 行無限施하니라

영제중생 주청정도 초중후선 생정
令諸衆生으로 住淸淨道하야 初中後善에 生淨

신해
信解하니라

수백천억무량중생심지소락 실령환희
隨百千億無量衆生心之所樂하야 悉令歡喜하고

이대자비 구호일체 승사공양삼세제불
以大慈悲로 救護一切하야 承事供養三世諸佛하며

위욕성취일체불종
爲欲成就一切佛種하니라

수행보시 심무중회 증장신근 성만
修行布施호대 心無中悔하야 增長信根하고 成滿

한량없는 백천억 나유타 아승지의 청정한 경계를 열어 두며, 한량없는 백천억 나유타 아승지의 생활에 필요한 미묘한 물건들을 쌓아 놓고, 매우 얻기 어려운 보리의 마음을 내어 무한한 보시를 행한다.

모든 중생들로 하여금 청정한 도에 머무르게 하되, 처음도 중간도 나중도 선함에 청정한 믿음과 이해를 내게 한다.

백천억 한량없는 중생들의 마음에 즐겨하는 바를 따라 모두 환희하게 하며, 대자비로 일체를 구호하여 삼세의 모든 부처님을 받들어 섬기고 공양올리며, 일체 부처님의 종성을 성취

승행 염념증진단바라밀
勝行하야 念念增進檀波羅蜜이니라

보살 이시 이제선근 여시회향
菩薩이 爾時에 以諸善根으로 如是迴向하나니라

소위원일체중생 발대승심 실득성취마
所謂願一切衆生이 發大乘心하야 悉得成就摩

하연시
訶衍施하니라

원일체중생 개실능행대회시 진시 선시
願一切衆生이 皆悉能行大會施와 盡施와 善施와

최승시 무상시 최무상시 무등등시 초
最勝施와 無上施와 最無上施와 無等等施와 超

제세간시 일체제불소칭탄시
諸世間施와 一切諸佛所稱歎施하니라

원일체중생 작제일시주 어제악취 면
願一切衆生이 作第一施主하야 於諸惡趣에 勉

하려 한다.

보시를 수행하되 마음이 중간에 후회하지 아니하고, 신근을 증장하고 수승한 행을 원만히 이루어 생각생각 보시바라밀을 증진한다.

보살이 그때에 모든 선근으로 이와 같이 회향한다.

이른바 일체 중생이 대승심을 내어 모두 마하연의 보시를 성취하기를 원한다.

일체 중생이 모두 다 큰 모임의 보시와 다하는 보시와 선한 보시와 가장 수승한 보시와 위없는 보시와 가장 위없는 보시와 같음이 없이 같은 보시와 모든 세간을 초월한 보시와

제중생 개령득입무애지도 수평등원
濟衆生하야 皆令得入無礙智道하고 修平等願과

여실선근 득무차별 증자경지
如實善根하야 得無差別하야 證自境智하니라

원일체중생 안주적정제선정지 입불사
願一切衆生이 安住寂靜諸禪定智하야 入不死

도 구경일체신통지혜 용맹정진 구
道하고 究竟一切神通智慧하야 勇猛精進하야 具

족제지 장엄불법 도어피안 영불퇴
足諸地하고 莊嚴佛法하야 到於彼岸하야 永不退

전
轉하니라

원일체중생 설대시회 종불피염
願一切衆生이 設大施會호대 終不疲厭하고

급제중생 무유휴식 구경무상일체종
給濟衆生하야 無有休息하야 究竟無上一切種

일체 모든 부처님께서 칭찬하시는 바의 보시를 능히 행하기를 원한다.

일체 중생이 제일 시주가 되어 모든 나쁜 갈래에서 중생들을 힘써 제도하여 다 걸림이 없는 지혜의 길에 들게 하며, 평등한 원과 실상과 같은 선근을 닦아 차별 없는 자기의 경계를 증득하는 지혜를 얻기를 원한다.

일체 중생이 적정한 모든 선정의 지혜에 편안히 머물러서 죽지 않는 도에 들어가 일체 신통과 지혜를 끝까지 이루며, 용맹하게 정진하여 모든 지위를 구족하고 불법을 장엄하며, 피안에 이르러 영원히 퇴전하지 않기를 원한다.

지
智하니라

원일체중생 항근종식일체선근 도어무
願一切衆生이 恒勤種植一切善根하야 到於無

량공덕피안
量功德彼岸하니라

원일체중생 상몽제불지소칭탄 보위세
願一切衆生이 常蒙諸佛之所稱歎하야 普爲世

간 작대시주 공덕구족 충만법계
間하야 作大施主호대 功德具足하야 充滿法界하야

변조시방 시무상락
徧照十方하야 施無上樂하니라

원일체중생 설대시회 광집선근 등
願一切衆生이 設大施會하야 廣集善根하고 等

섭중생 도어피안
攝衆生하야 到於彼岸하니라

일체 중생이 크게 보시하는 모임을 시설하되 마침내 피로해하거나 싫어하지 않고, 중생들에게 공급하여 구제하되 휴식함이 없고 위없는 일체종지에 끝까지 이르기를 원한다.

일체 중생이 항상 부지런히 일체 선근을 심어 한량없는 공덕의 피안에 이르기를 원한다.

일체 중생이 항상 모든 부처님의 칭찬하심을 받고, 널리 세간을 위하여 큰 시주가 되어 공덕이 구족하고 법계에 충만하여 시방을 두루 비추며 위없는 낙을 베풀기를 원한다.

일체 중생이 크게 보시하는 모임을 시설하여 선근을 널리 모으고, 중생들을 평등하게 거두

원일체중생 성최승시 보령중생 주
願一切衆生이 成最勝施하야 普令衆生으로 住

제일승
第一乘하니라

원일체중생 위응시시 영리비시 대
願一切衆生이 爲應時施하야 永離非時하야 大

시구경
施究竟하니라

원일체중생 성취선시 도불장부대시피
願一切衆生이 成就善施하야 到佛丈夫大施彼

안
岸하니라

원일체중생 구경상행대장엄시 진
願一切衆生이 究竟常行大莊嚴施하야 盡

이일체제불위사 실개친근 흥대공
以一切諸佛爲師하고 悉皆親近하야 興大供

어 피안에 이르기를 원한다.

일체 중생이 가장 수승한 보시를 이루어 널리 중생들로 하여금 제일의 승에 머무르게 하기를 원한다.

일체 중생이 시기에 알맞은 보시를 하여 시기가 아님을 영원히 여의어 끝까지 크게 보시하기를 원한다.

일체 중생이 선한 보시를 성취하여 부처님 장부의 크게 보시하는 피안에 이르기를 원한다.

일체 중생이 끝까지 크게 장엄하는 보시를 항상 행하며, 다 일체 모든 부처님으로 스승을 삼고 모두 다 친근하여 큰 공양을 일으키

양
養하니라

원일체중생　주청정시　집등법계무량복
願一切衆生이 住淸淨施하야 集等法界無量福

덕　도어피안
德하야 到於彼岸하니라

원일체중생　어제세간　위대시주　서도
願一切衆生이 於諸世間에 爲大施主하야 誓度

군품　주여래지
群品하야 住如來地니라

시위보살마하살　설대시회　선근회향
是爲菩薩摩訶薩의 設大施會하는 善根迴向이니라

위령중생　행무상시　구경불시　성취
爲令衆生으로 行無上施와 究竟佛施와 成就

선시　불가괴시　공제불시　무에한시　구
善施와 不可壞施와 供諸佛施와 無恚恨施와 救

기를 원한다.

일체 중생이 청정한 보시에 머물러 법계와 같은 한량없는 복덕을 모아 피안에 이르기를 원한다.

일체 중생이 모든 세간에서 큰 시주가 되어 맹세코 군품들을 제도하여 여래의 지위에 머무르기를 원한다.

이것이 보살마하살이 크게 보시하는 모임을 시설하는 선근으로 회향하는 것이다.

중생들로 하여금 위없는 보시와, 구경에 부처님이 되는 보시와, 선을 성취하는 보시와, 깨뜨릴 수 없는 보시와, 모든 부처님께 공양올

중생시 성일체지시 상견제불시 선정
衆生施와 成一切智施와 常見諸佛施와 善精

진시 성취일체보살공덕제불지혜광대시
進施와 成就一切菩薩功德諸佛智慧廣大施

고
故니라

불자 보살마하살 보시일체자생지물
佛子야 菩薩摩訶薩이 布施一切資生之物호대

심무탐석 불구과보 어세부락 무소
心無貪惜하야 不求果報하고 於世富樂에 無所

희망 이망상심 선사유법 위욕이익
希望하야 離妄想心하며 善思惟法호대 爲欲利益

일체중생 심관일체제법실성
一切衆生하야 審觀一切諸法實性하니라

리는 보시와, 성냄과 원한이 없는 보시와, 중생을 구제하는 보시와, 일체지를 이루는 보시와, 모든 부처님을 항상 친견하는 보시와, 잘 정진하는 보시와, 일체 보살의 공덕과 모든 부처님의 지혜를 성취하는 광대한 보시를 행하게 하기 위한 까닭이다.

불자들이여, 보살마하살이 일체 생활에 필요한 물건을 보시하되 마음에 탐하고 아낌이 없고 과보를 구하지 않으며, 세상의 부와 낙에 희망하는 바가 없어서 망상의 마음을 여의며, 법을 잘 사유하되 일체 중생을 이익하게

수제중생 종종부동 소용소구 각각차
隨諸衆生의 種種不同과 所用所求가 各各差

별 성판무량자생지구 소유엄식 실
別하야 成辦無量資生之具호대 所有嚴飾이 悉

개묘호 행무변시 행일체시 진내외
皆妙好하야 行無邊施하며 行一切施하며 盡內外

시
施하나니라

행차시시 증지락력 획대공덕 성취
行此施時에 增志樂力하고 獲大功德하야 成就

심보 상능수호일체중생 개령발생수
心寶하며 常能守護一切衆生하야 皆令發生殊

승지원 초미증유구반보심
勝志願호대 初未曾有求反報心이요

소유선근 등삼세불 실이원만일체종
所有善根이 等三世佛하야 悉以圓滿一切種

하려고 일체 모든 법의 참 성품을 자세히 관한다.

모든 중생들이 갖가지로 같지 않음과 쓰는 바와 구하는 바가 각각 차별함을 따라서 한량없는 생활에 필요한 도구를 마련하되 있는 바 장엄이 모두 다 미묘하고 아름다워 가없는 보시를 행하며, 일체 보시를 행하며, 안과 밖의 것을 다 보시한다.

이 보시를 행할 때에 뜻에 즐거워하는 힘이 늘어나고 큰 공덕을 얻어서 마음의 보배를 성취하며, 항상 능히 일체 중생을 수호하여 모두 수승한 뜻의 원을 내게 하되 처음부터 일

지
智니라

불자 보살마하살 이차보시소유선근
佛子야 菩薩摩訶薩이 以此布施所有善根으로

회향중생
迴向衆生하나니라

원일체중생 청정조복 원일체중생 멸
願一切衆生이 淸淨調伏하며 願一切衆生이 滅

제번뇌 엄정일체제불찰토
除煩惱하고 嚴淨一切諸佛剎土하니라

원일체중생 이청정심 어일념중 주
願一切衆生이 以淸淨心으로 於一念中에 周

변법계 원일체중생 지혜충만허공법
徧法界하며 願一切衆生이 智慧充滿虛空法

계
界하니라

찍이 도리어 보답을 구하는 마음이 없다.

있는 바 선근이 삼세의 부처님과 평등하여 모두 일체종지를 원만하게 한다.

불자들이여, 보살마하살이 이 보시의 있는 바 선근으로 중생들에게 회향한다.

일체 중생이 청정하게 조복하기를 원하며, 일체 중생이 번뇌를 멸하여 없애고 일체 모든 부처님 국토를 청정하게 장엄하기를 원한다.

일체 중생이 청정한 마음으로 한 생각 가운데 법계에 두루하기를 원하며, 일체 중생이 지혜가 허공 법계에 충만하기를 원한다.

원일체중생 득일체지 보입삼세 조
願一切衆生이 得一切智하야 普入三世하야 調

복중생 어일체시 상전청정불퇴법륜
伏衆生하고 於一切時에 常轉淸淨不退法輪하며

원일체중생 구일체지 선능시현신통방
願一切衆生이 具一切智하야 善能示現神通方

편 요익중생
便하야 饒益衆生하니라

원일체중생 실능오입제불보리 진미래
願一切衆生이 悉能悟入諸佛菩提하야 盡未來

겁 어시방계 상설정법 증무휴식
劫토록 於十方界에 常說正法호대 曾無休息하야

영제중생 보득문지
令諸衆生으로 普得聞知하니라

원일체중생 어무량겁 수보살행 실득
願一切衆生이 於無量劫에 修菩薩行하야 悉得

일체 중생이 일체지를 얻어서 삼세에 널리 들어가 중생들을 조복하고 일체 시에 청정하고 물러나지 않는 법륜을 항상 굴리기를 원하며, 일체 중생이 일체지를 갖추어서 신통과 방편을 잘 능히 나타내 보여 중생들을 요익케 하기를 원한다.

일체 중생이 모든 부처님의 보리에 다 능히 깨달아 들어가서 미래 겁이 다하도록 시방세계에 항상 정법을 설하되 일찍이 휴식함이 없고 모든 중생들로 하여금 널리 듣고 알게 하기를 원한다.

일체 중생이 한량없는 겁에 보살행을 닦아

원만
圓滿하니라

원일체중생 어일체세계 약염약정 약소
願一切衆生이 於一切世界의 若染若淨과 若小

약대 약추약세 약복약앙 혹일장엄 혹
若大와 若麁若細와 若覆若仰과 或一莊嚴과 或

종종장엄 소가연설 재세계수 제세계중
種種莊嚴의 所可演說인 在世界數한 諸世界中에

수보살행 미불주변
修菩薩行하야 靡不周徧하니라

원일체중생 어염념중 상작삼세일체불
願一切衆生이 於念念中에 常作三世一切佛

사 교화중생 향일체지
事하야 敎化衆生하야 向一切智니라

모두 원만함을 얻기를 원한다.

일체 중생이 일체 세계에서 물들었거나 깨끗하거나, 작거나 크거나, 거칠거나 미세하거나, 엎어졌거나 잦혀졌거나, 혹은 한 가지로 장엄하였거나 혹은 갖가지로 장엄하였거나, 연설할 수 있는 바의 세계 수효에 있는 모든 세계 가운데서 보살행을 닦아 두루하지 않음이 없기를 원한다.

일체 중생이 생각생각에 항상 삼세의 일체 불사를 지어서 중생들을 교화하여 일체지에 향하기를 원한다.

불자 보살마하살 수제중생 일체소수
佛子야 菩薩摩訶薩이 隨諸衆生의 一切所須하야

이여시등아승지물 이위급시
以如是等阿僧祇物로 而爲給施하나니라

위령불법 상속부단 대비보구일체중
爲令佛法으로 相續不斷하며 大悲普救一切衆

생 안주대자 수보살행 어불교회
生하며 安住大慈하야 修菩薩行하야 於佛敎誨에

종무위범 이교방편 수행중선 부단
終無違犯하고 以巧方便으로 修行衆善하며 不斷

일체제불종성 수구실여 이무환염
一切諸佛種性하야 隨求悉與하고 而無患厭하야

일체실사 미증중회 상근회향일체지
一切悉捨호대 未曾中悔하고 常勤迴向一切智

도
道하나니라

불자들이여, 보살마하살이 모든 중생들의 일체 구하는 바를 따라 이와 같은 등 아승지의 물건을 보시하여 준다.

불법이 상속하여 끊어지지 아니하며, 대비로 일체 중생을 널리 구호하며, 대자에 편안히 머물러 보살행을 닦으며, 부처님의 가르침을 마침내 어기고 범하지 아니하며, 교묘한 방편으로 온갖 선을 수행하며, 일체 모든 부처님의 종성을 끊지 아니하고 구함을 따라 모두 주되 근심하고 싫어함이 없으며, 일체를 모두 버리되 일찍이 중간에 후회하지 아니하며, 항상 부지런히 일체 지혜의 도에 회향하게 하기 위함이다.

시 시방국토 종종형류 종종취생 종종
時에 十方國土의 種種形類와 種種趣生과 種種

복전 개래집회 지보살소 종종구색
福田이 皆來集會하야 至菩薩所하야 種種求索이라도

보살 견이 보개섭수 심생환희 여
菩薩이 見已에 普皆攝受하야 心生歡喜호대 如

견선우
見善友하니라

대비애민 사만기원 사심증장 무유
大悲哀愍하야 思滿其願하며 捨心增長하야 無有

휴식 역불피염 수기소구 실령만족
休息하며 亦不疲厭하야 隨其所求하며 悉令滿足하야

이빈궁고
離貧窮苦하니라

그때에 시방 국토의 갖가지 형류와 갖가지 갈래와 갖가지 복전이 모두 모여와서 보살의 처소에 이르러 갖가지로 요구함을 보살이 보고는 널리 다 섭수하여 마음에 환희를 내되 선우를 보는 것과 같이 한다.

대비로 불쌍히 여겨 그 원을 만족케 하며, 버리는 마음이 증장하여 쉬지 아니하고 또한 피로해하거나 싫어함이 없어서, 그 구하는 바를 따라 모두 만족케 하여 빈궁의 고통을 여의게 한다.

시제걸자 심대흔경 전갱칭전 찬양
時諸乞者가 心大欣慶하야 轉更稱傳하야 讚揚

기덕 미성하포 실래귀왕 보살 견
其德에 美聲遐布하야 悉來歸往이라도 菩薩이 見

이 환희무량
已하고 歡喜無量이라

가사백천억나유타겁 수제석락 무수겁
假使百千億那由他劫에 受帝釋樂하며 無數劫에

수야마천락 무량겁 수도솔타천락
受夜摩天樂하며 無量劫에 受兜率陀天樂하며

무변겁 수선변화천락 무등겁 수타화
無邊劫에 受善變化天樂하며 無等劫에 受他化

자재천락 불가수겁 수범왕락 불가칭
自在天樂하며 不可數劫에 受梵王樂하며 不可稱

겁 수전륜왕 왕삼천락 불가사겁 수
劫에 受轉輪王의 王三千樂하며 不可思劫에 受

그때에 모든 구걸하는 자들이 마음에 크게 기뻐하며 점점 다시 칭찬하고 전하여 그 덕을 찬양하니 아름다운 소리가 멀리까지 퍼져서 다 돌아오거늘 보살이 보고는 환희함이 한량없다.

가령 백천억 나유타겁 동안 제석의 낙을 받으며, 수없는 겁 동안 야마천의 낙을 받으며, 한량없는 겁 동안 도솔타천의 낙을 받으며, 가없는 겁 동안 선변화천의 낙을 받으며, 같음이 없는 겁 동안 타화자재천의 낙을 받으며, 셀 수 없는 겁 동안 범왕의 낙을 받으며, 일컬을 수 없는 겁 동안 전륜왕의 삼천을 다스리는

변정천락 불가설겁 수정거천락 실
偏淨天樂하며 不可說劫에 受淨居天樂이라도 悉

불능급
不能及하니라

보살마하살 견걸자래 환희애락 흔경
菩薩摩訶薩이 見乞者來에 歡喜愛樂하고 欣慶

용약 신심증장 지락청정 제근조
踊躍하며 信心增長하고 志樂清淨하며 諸根調

순 신해성만 내지증진제불보리
順하고 信解成滿하며 乃至增進諸佛菩提니라

불자 보살마하살 이차선근 위욕이익
佛子야 菩薩摩訶薩이 以此善根으로 爲欲利益

일체중생고 회향 위욕안락일체중생고
一切衆生故로 迴向하며 爲欲安樂一切衆生故로

낙을 받으며, 불가사의 겁 동안 변정천의 낙을 받으며, 말할 수 없는 겁 동안 정거천의 낙을 받더라도 모두 미칠 수 없다.

보살마하살이 구걸하는 자가 오는 것을 보고는 환희하고 좋아하며, 기뻐 뛰며, 신심이 증장하며, 뜻의 즐거움이 청정하며, 모든 근이 조순하며, 믿고 이해함이 만족하며, 내지 모든 부처님의 보리에 더욱 나아간다.

불자들이여, 보살마하살이 이 선근으로 일체 중생을 이익하게 하려는 까닭으로 회향하며, 일체 중생을 안락하게 하려는 까닭으로 회향

회향　　위령일체중생　　득대의리고　회
迴向하며 爲令一切衆生으로 得大義利故로 迴

향
向하니라

위령일체중생　　실득청정고　회향　　위
爲令一切衆生으로 悉得淸淨故로 迴向하며 爲

령일체중생　　실구보리고　회향　　위령
令一切衆生으로 悉求菩提故로 迴向하며 爲令

일체중생　　실득평등고　회향
一切衆生으로 悉得平等故로 迴向하니라

위령일체중생　　실득현선심고　　회향
爲令一切衆生으로 悉得賢善心故로 迴向하며

위령일체중생　　실입마하연고　　회향
爲令一切衆生으로 悉入摩訶衍故로 迴向하며

위령일체중생　　실득현선지혜고　회향
爲令一切衆生으로 悉得賢善智慧故로 迴向하니라

하며, 일체 중생으로 하여금 큰 이치와 이익을 얻게 하기 위한 까닭으로 회향한다.

일체 중생으로 하여금 모두 청정을 얻게 하기 위한 까닭으로 회향하며, 일체 중생으로 하여금 모두 보리를 구하게 하기 위한 까닭으로 회향하며, 일체 중생으로 하여금 모두 평등을 얻게 하기 위한 까닭으로 회향한다.

일체 중생으로 하여금 모두 어질고 선한 마음을 얻게 하기 위한 까닭으로 회향하며, 일체 중생으로 하여금 모두 마하연에 들게 하기 위한 까닭으로 회향하며, 일체 중생으로 하여금 다 어질고 선한 지혜를 얻게 하기 위한 까

위령일체중생 실구보현보살행원 만
爲令一切衆生으로 悉具普賢菩薩行願하야 滿

십력승 현성정각고 회향
十力乘하야 現成正覺故로 迴向하나니라

불자 보살마하살 이제선근 여시회
佛子야 菩薩摩訶薩이 以諸善根으로 如是迴

향시 신구의업 개실해탈 무착무
向時에 身口意業이 皆悉解脫하야 無著無

계
繫하니라

무중생상 무명자상 무보가라상 무
無衆生想하며 無命者想하며 無補伽羅想하며 無

닭으로 회향한다.

일체 중생으로 하여금 모두 보현 보살의 행원을 갖추어 십력의 승을 원만히 하고 정각 이룸을 나투게 하기 위한 까닭으로 회향한다.

불자들이여, 보살마하살이 모든 선근으로 이와 같이 회향할 때에 몸과 입과 뜻의 업이 모두 다 해탈하여 집착도 없고 속박도 없다.

중생이라는 생각이 없으며, 수명이라는 생각이 없으며, 보가라라는 생각이 없으며, 사람이라는 생각이 없으며, 동자라는 생각이 없으며,

인상 무동자상 무생자상 무작자
人想하며 無童子想하며 無生者想하며 無作者

상 무수자상
想하며 無受者想하니라

무유상 무무상 무금세후세상 무사
無有想하며 無無想하며 無今世後世想하며 無死

차생피상
此生彼想하니라

무상상 무무상상 무삼유상 무무삼
無常想하며 無無常想하며 無三有想하며 無無三

유상 비상 비비상
有想하며 非想이며 非非想이니라

여시비박회향 비박해회향 비업회향
如是非縛迴向이며 非縛解迴向이며 非業迴向이며

비업보회향
非業報迴向이니라

생겨난 자라는 생각이 없으며, 짓는 자라는 생각이 없으며, 받는 자라는 생각이 없다.

있다는 생각이 없으며, 없다는 생각이 없으며, 현재 세상과 미래 세상이라는 생각이 없으며, 여기서 죽어 저기에 난다는 생각이 없다.

항상하다는 생각이 없으며, 무상하다는 생각이 없으며, 삼유라는 생각이 없으며, 삼유가 없다는 생각이 없으며, 생각도 아니고 생각 아닌 것도 아니다.

이와 같이 속박이 아닌 회향이며, 속박을 푼 것이 아닌 회향이며, 업이 아닌 회향이며, 업의 과보가 아닌 회향이다.

비분별회향 비무분별회향 비사회
非分別迴向이며 非無分別迴向이며 非思迴

향 비사이회향 비심회향 비무심회
向이며 非思已迴向이며 非心迴向이며 非無心迴

향
向이니라

불자 보살마하살 여시회향시 불착내
佛子야 菩薩摩訶薩이 如是迴向時에 不著內하고

불착외 불착능연 불착소연 불착
不著外하며 不著能緣하고 不著所緣하며 不著

인 불착과
因하고 不著果하니라

불착법 불착비법 불착사 불착비
不著法하고 不著非法하며 不著思하고 不著非

분별이 아닌 회향이며, 분별 없음이 아닌 회향이며, 생각이 아닌 회향이며, 생각하여 마침이 아닌 회향이며, 마음이 아닌 회향이며, 마음 없음이 아닌 회향이다.

불자들이여, 보살마하살이 이와 같이 회향할 때에 안에도 집착하지 아니하고 밖에도 집착하지 아니하며, 능연에도 집착하지 아니하고 소연에도 집착하지 아니하며, 인에도 집착하지 아니하고 과에도 집착하지 아니한다.

법에도 집착하지 아니하고 법 아님에도 집착하지 아니하며, 생각에도 집착하지 아니하고

사
思하니라

불착색 불착색생 불착색멸 불착수
不著色하고 不著色生하고 不著色滅하며 不著受

상행식 불착수상행식생 불착수상행
想行識하고 不著受想行識生하고 不著受想行

식멸
識滅이니라

불자 보살마하살 약능어차제법 불착즉
佛子야 菩薩摩訶薩이 若能於此諸法에 不著則

불박색 불박색생 불박색멸 불박수
不縛色하고 不縛色生하고 不縛色滅하며 不縛受

상행식 불박수상행식생 불박수상행
想行識하고 不縛受想行識生하고 不縛受想行

생각 아님에도 집착하지 아니한다.

색에도 집착하지 아니하고 색이 남에도 집착하지 아니하고 색이 멸함에도 집착하지 아니하며, 수·상·행·식에도 집착하지 아니하고 수·상·행·식이 생함에도 집착하지 아니하고 수·상·행·식이 멸함에도 집착하지 아니한다.

불자들이여, 보살마하살이 만약 능히 이 모든 법에 집착하지 않으면 색에도 속박되지 않고, 색이 남에도 속박되지 않고, 색이 멸함에도 속박되지 않으며, 수·상·행·식에도 속박되지 않고, 수·상·행·식이 남에도 속박되지

식멸
識滅하니라

약능어차제법 불박즉역어제법 불해
若能於此諸法에 不縛則亦於諸法에 不解하리니

하이고
何以故오

무유소법 약현생약이생약당생 무법가
無有少法도 若現生若已生若當生이라 無法可

취 무법가착
取며 無法可著이니라

일체제법 자상여시 무유자성 자성
一切諸法이 自相如是하야 無有自性하야 自性

상리
相離라

않고, 수·상·행·식이 멸함에도 속박되지 않는다.

만약 능히 이 모든 법에 속박되지 않으면 곧 또한 모든 법에 해탈하지도 않을 것이다. 무슨 까닭인가?

조그만 법도 현재 나거나 이미 났거나 장차 날 것이 없으니 법을 취할 것도 없고 법에 집착할 것도 없다.

일체 모든 법이 자상이 이와 같아서 자성이 없고 자성의 모양을 여의었다.

하나도 아니고 둘도 아니며, 많음도 아니고

비일비이 비다비무량 비소비대 비협
非一非二며 非多非無量이며 非小非大며 非狹

비광 비심비천
非廣이며 非深非淺이니라

비적정비희론 비처비비처 비법비비법
非寂靜非戲論이며 非處非非處며 非法非非法이며

비체비비체 비유비비유
非體非非體며 非有非非有니라

보살 여시관찰제법 즉위비법 어언
菩薩이 如是觀察諸法이 則爲非法이나 於言

어중 수세건립비법위법 부단제업
語中에 隨世建立非法爲法하야 不斷諸業

도 불사보살행 구일체지 종무퇴
道하고 不捨菩薩行하야 求一切智하야 終無退

전
轉하니라

한량없음도 아니며, 작은 것도 아니고 큰 것도 아니며, 좁은 것도 아니고 넓은 것도 아니며, 깊은 것도 아니고 얕은 것도 아니다.

적정한 것도 아니고 희론도 아니며, 옳은 도리도 아니고 그른 도리도 아니며, 옳은 법도 아니고 그른 법도 아니며, 자체도 아니고 자체 아닌 것도 아니며, 있는 것도 아니고 있지 않는 것도 아니다.

보살이 이와 같이 모든 법을 관찰하면 곧 비법이 되거니와, 언어 가운데 세상을 따라 건립하면 비법이 법이 되어서, 모든 업의 도를 끊지 아니하고 보살행을 버리지 아니하며 일체

요지일체업연여몽 음성여향 중생여영
了知一切業緣如夢과 音聲如響과 衆生如影과

제법여환 이역불괴인연업력
諸法如幻호대 而亦不壞因緣業力하니라

요지제업 기용광대 해일체법 개무소
了知諸業이 其用廣大하며 解一切法이 皆無所

작 행무작도 미상잠폐
作이나 行無作道하야 未嘗暫廢니라

불자 차보살마하살 주일체지 약처비
佛子야 此菩薩摩訶薩이 住一切智일새 若處非

처 보개회향일체지성 어일체처 개실
處에 普皆迴向一切智性하며 於一切處에 皆悉

회향 무유퇴전
迴向하야 無有退轉하나니라

지혜를 구하여 마침내 퇴전함이 없다.

일체 업의 연이 꿈과 같고, 음성이 메아리와 같고, 중생이 그림자와 같고, 모든 법이 환과 같음을 분명히 알되, 또한 인연과 업의 힘을 무너뜨리지 않는다.

모든 업은 그 작용이 광대한 줄 분명히 알며, 일체 법이 모두 짓는 바가 없음을 알지만 지음이 없는 도를 행하여 일찍이 잠깐도 폐하지 않는다.

불자들이여, 이 보살마하살이 일체 지혜에 머물러서 옳은 도리나 그른 도리에 널리 모두 일체 지혜의 성품으로 회향하며, 일체 처에 모두 다 회향하여 퇴전함이 없다.

이하의고 설명회향
以何義故로 說名迴向고

영도세간 지어피안 고명회향 영출
永度世間하야 至於彼岸일새 故名迴向이며 永出

제온 지어피안 고명회향
諸蘊하야 至於彼岸일새 故名迴向이니라

도언어도 지어피안 고명회향 이종
度言語道하야 至於彼岸일새 故名迴向이며 離種

종상 지어피안 고명회향 영단신견
種想하야 至於彼岸일새 故名迴向이며 永斷身見하야

지어피안 고명회향 영리의처 지어
至於彼岸일새 故名迴向이며 永離依處하야 至於

피안 고명회향
彼岸일새 故名迴向이니라

영절소작 지어피안 고명회향 영출
永絶所作하야 至於彼岸일새 故名迴向이며 永出

무슨 뜻으로 회향이라 이름하는가?

세간을 영원히 건너 피안에 이르는 까닭으로 회향이라 이름하며, 모든 쌓임에서 영원히 벗어나 피안에 이르는 까닭으로 회향이라 이름한다.

언어의 길을 건너 피안에 이르므로 회향이라 이름하며, 갖가지 생각을 여의어 피안에 이르므로 회향이라 이름하며, 몸이라는 견해를 영원히 끊어 피안에 이르므로 회향이라 이름하며, 의지처를 영원히 여의어 피안에 이르므로 회향이라 이름한다.

짓는 바를 영원히 끊어 피안에 이르므로 회

제유 지어피안 고명회향 영사제
諸有하야 至於彼岸일새 故名迴向이며 永捨諸

취 지어피안 고명회향 영출세법
取하야 至於彼岸일새 故名迴向이며 永出世法하야

지어피안 고명회향
至於彼岸일새 故名迴向이니라

불자 보살마하살 여시회향시 즉위수순
佛子야 菩薩摩訶薩이 如是迴向時에 則爲隨順

불주 수순법주 수순지주 수순보리주
佛住며 隨順法住며 隨順智住며 隨順菩提住며

수순의주
隨順義住니라

수순회향주 수순경계주 수순행주 수순
隨順迴向住며 隨順境界住며 隨順行住며 隨順

향이라 이름하며, 모든 유에서 영원히 벗어나 피안에 이르므로 회향이라 이름하며, 모든 취를 영원히 버리고 피안에 이르므로 회향이라 이름하며, 세상 법을 영원히 벗어나서 피안에 이르므로 회향이라 이름한다.

불자들이여, 보살마하살이 이와 같이 회향할 때에 곧 부처님을 수순하여 머무르며, 법을 수순하여 머무르며, 지혜를 수순하여 머무르며, 보리를 수순하여 머무르며, 이치를 수순하여 머무른다.

회향을 수순하여 머무르며, 경계를 수순하여

진실주 수순청정주
眞實住며 隨順淸淨住니라

불자 보살마하살 여시회향 즉위요달
佛子야 菩薩摩訶薩이 如是迴向하면 則爲了達

일체제법 즉위승사일체제불 무유일
一切諸法이며 則爲承事一切諸佛이라 無有一

불 이불승사 무유일법 이불공양
佛도 而不承事며 無有一法도 而不供養이니라

무유일법 이가멸괴 무유일법 이가괴
無有一法도 而可滅壞이며 無有一法도 而可乖

위 무유일물 이가탐착 무유일법 이
違며 無有一物도 而可貪著이며 無有一法도 而

가염리
可厭離니라

머무르며, 행을 수순하여 머무르며, 진실을 수순하여 머무르며, 청정을 수순하여 머무른다.

불자들이여, 보살마하살이 이와 같이 회향하면 곧 일체 모든 법을 분명히 통달함이 되며, 곧 일체 모든 부처님을 받들어 섬김이 된다. 한 부처님도 받들어 섬기지 않음이 없으며, 한 법도 공양올리지 않음이 없다.

한 법도 가히 멸하여 무너뜨림이 없으며, 한 법도 가히 어김이 없으며, 한 물건도 가히 탐착함이 없으며, 한 법도 가히 싫어해 떠남이 없다.

불견내외일체제법 유소멸괴 위인연도
不見內外一切諸法이 有少滅壞하야 違因緣道며

법력구족 무유휴식
法力具足하야 無有休息이니라

불자 시위보살마하살 제육수순견고일
佛子야 是爲菩薩摩訶薩의 第六隨順堅固一

체선근회향
切善根迴向이니라

보살마하살 주차회향시 상위제불지소
菩薩摩訶薩이 住此迴向時에 常爲諸佛之所

안과 밖의 일체 모든 법이 조금도 파괴되거나 인연의 도를 어김이 있음을 보지 아니하며, 법력이 구족하여 쉬지 아니한다.

불자들이여, 이것이 보살마하살의 여섯째 견고한 일체 선근을 수순하는 회향이다.

보살마하살이 이 회향에 머무르는 때에 항상 모든 부처님의 호념하시는 바가 되며, 견고하고 물러나지 아니하여 깊은 법의 성품에 들어가며, 일체 지혜를 닦아서 법의 뜻을 수순

호념　　견고불퇴　　입심법성　　수일체
護念하야 堅固不退하며 入深法性하야 修一切

지　　수순법의　　수순법성　　수순일체견
智하며 隨順法義하며 隨順法性하며 隨順一切堅

고선근
固善根하니라

수순일체원만대원　　구족수순견고지법
隨順一切圓滿大願하며 具足隨順堅固之法하야

일체금강　소불능괴　어제법중　이득자재
一切金剛의 所不能壞라 於諸法中에 而得自在니라

하며, 법의 성품을 수순하며, 일체 견고한 선근을 수순한다.

일체 원만한 큰 서원을 수순하며, 견고한 법을 구족하게 수순하며, 일체 금강으로도 깨뜨릴 수 없는 바라, 모든 법 가운데서 자재함을 얻는다."

이시 금강당보살 관찰시방 관찰중회
爾時에 金剛幢菩薩이 觀察十方하며 觀察衆會하며

관찰법계이 입어자구심심지의 수습
觀察法界已하시고 入於字句甚深之義하며 修習

무량광대지심 이대비심 보부세간
無量廣大之心하며 以大悲心으로 普覆世間하며

장거래금불종성심
長去來今佛種性心하니라

입어일체제불공덕 성취제불자재력신
入於一切諸佛功德하며 成就諸佛自在力身하며

관제중생심지소락 수기선근소가성숙
觀諸衆生心之所樂하며 隨其善根所可成熟하며

의법성신 위현색신 승불신력 이설
依法性身하야 爲現色身하고 承佛神力하야 而說

송언
頌言하니라

그때에 금강당 보살이 시방을 관찰하고 대중 모임을 관찰하며 법계를 관찰하고는, 글귀의 매우 깊은 뜻에 들어가며 한량없고 광대한 마음을 닦아 익히며 대비심으로 널리 세간을 덮으며, 과거와 미래와 현재의 부처님 종성의 마음을 기른다.

일체 모든 부처님의 공덕에 들어가며 모든 부처님의 자재하신 힘의 몸을 성취하며, 모든 중생들의 마음에 즐겨하는 바를 관찰하며, 그 선근의 성숙할 수 있는 바를 따라서 법성의 몸을 의지하여 색신을 나타내고, 부처님의 위신력을 받들어 게송을 설하여 말씀하였다.

보살현신작국왕 어세위중최무등
菩薩現身作國王하야 於世位中最無等이라

복덕위광승일체 보위군맹흥이익
福德威光勝一切하야 普爲群萌興利益이로다

기심청정무염착 어세자재함준경
其心清淨無染著하야 於世自在咸遵敬이라

홍선정법이훈인 보사중생획안은
弘宣正法以訓人하야 普使衆生獲安隱이로다

현생귀족승왕위 상의정교전법륜
現生貴族昇王位하야 常依正敎轉法輪하니

품성인자무독학 시방경앙개종화
稟性仁慈無毒虐이라 十方敬仰皆從化로다

보살이 몸을 나타내어 국왕이 되어서
세상의 지위 가운데 가장 높아 같을 이 없고
복덕과 위엄 있는 광명이 일체보다 수승하여
널리 군맹들을 위해서 이익을 일으키도다.

그 마음이 청정하여 물들지 않고
세상에 자재하여 모두 공경하며
바른 법을 널리 펴 사람을 가르쳐서
널리 중생들로 하여금 안온함을 얻게 하도다.

귀족에 태어남을 나타내어 왕위에 오르고
항상 바른 가르침을 의지해 법륜을 굴리고
품성이 인자하여 독하지 않으니
시방이 공경하고 우러러 다 교화를 따르도다.

지혜분별상명료 색상재능개구족
智慧分別常明了하고 色相才能皆具足이라

임어솔토미부종 최복마군실령진
臨馭率土靡不從하니 摧伏魔軍悉令盡이로다

견지정계무위범 결지감인부동요
堅持淨戒無違犯하며 決志堪忍不動搖하며

영원견제분에심 상락수행제불법
永願蠲除忿恚心하고 常樂修行諸佛法이로다

음식향만급의복 거기상욕좌여등
飮食香鬘及衣服과 車騎牀褥座與燈을

보살실이급제인 병급소여무량종
菩薩悉以給濟人호대 幷及所餘無量種이로다

지혜로 분별하여 항상 명료하고
색상과 재능이 다 구족하여
온 나라를 다스림에 따르지 아니함이 없고
마군을 꺾어 조복하여 모두 다하게 하도다.

청정한 계를 굳게 지니어 어기고 범함이 없으며
결정한 뜻 참고 견디어 요동하지 않으며
길이 성내는 마음을 없애고
항상 즐거이 모든 불법 수행하기를 원하도다.

음식과 향과 화만과 의복과
수레와 말과 평상과 침구와 좌구와 등불을
보살이 모두 주어 사람들을 구제하되
아울러 남은 것이 한량없는 종류로다.

위이익고이행시 영기개발광대심
爲利益故而行施하야 令其開發廣大心호대

어존승처급소여 의개청정생환희
於尊勝處及所餘에 意皆淸淨生歡喜로다

보살일체개주급 내외소유실능사
菩薩一切皆周給하야 內外所有悉能捨하고

필사기심영청정 불령잠이생협렬
必使其心永淸淨하야 不令暫爾生狹劣이로다

혹시어두혹시안 혹시어수혹시족
或施於頭或施眼하며 或施於手或施足하며

피육골수급여물 일체개사심무린
皮肉骨髓及餘物을 一切皆捨心無吝이로다

이익하게 하기 위하여 보시를 행하여
그들로 하여금 광대한 마음을 개발하되
높은 곳과 그리고 다른 곳에
뜻이 다 청정하여 환희를 내게 하도다.

보살이 일체를 모두 두루 주어서
안팎으로 있는 것을 모두 능히 버리고
반드시 그 마음을 길이 청정하게 하여
잠깐도 비좁고 용렬함을 내게 하지 아니하도다.

혹은 머리를 보시하고 혹은 눈을 보시하며
혹은 손을 보시하고 혹은 발을 보시하며
피부와 살과 뼈와 골수와 그리고 다른 것까지
일체를 다 버려도 마음에 아낌이 없도다.

보살신거대왕위 종족호귀인중존
菩薩身居大王位하니 **種族豪貴人中尊**이라

개구출설시군생 기심환희무우련
開口出舌施群生호대 **其心歡喜無憂戀**이로다

이피시설제공덕 회향일체제중생
以彼施舌諸功德으로 **迴向一切諸衆生**하고

보원자차승인연 실득여래광장설
普願藉此勝因緣하야 **悉得如來廣長舌**이로다

혹시처자급왕위 혹시기신작동복
或施妻子及王位하며 **或施其身作僮僕**호대

기심청정상환희 여시일체무우회
其心淸淨常歡喜하야 **如是一切無憂悔**로다

보살의 몸이 대왕의 자리에 오르니
종족이 귀하고 사람 가운데 높은데
입을 열고 혀를 내어 군생에게 보시하되
그 마음 환희하고 근심하여 연연함이 없도다.

저에게 혀를 보시한 모든 공덕으로
일체 모든 중생들에게 회향하며
널리 이 수승한 인연을 의지하여
다 여래의 광장설을 얻기를 원하도다.

혹은 처자와 왕위를 보시하고
혹은 그 몸을 보시하여 하인이 되지만
그 마음이 청정하고 항상 환희하여
이와 같은 일체에 근심과 후회가 없도다.

수소락구함시여 응시급제무피염
隨所樂求咸施與호대 應時給濟無疲厭하야

일체소유개능산 제래구자보만족
一切所有皆能散하니 諸來求者普滿足이로다

위문법고시기신 수제고행구보리
爲聞法故施其身하야 修諸苦行求菩提하고

부위중생사일체 구무상지불퇴전
復爲衆生捨一切하야 求無上智不退轉이로다

이어불소문정법 자사기신충급시
以於佛所聞正法하고 自捨其身充給侍호대

위욕보구제군생 발생무량환희심
爲欲普救諸群生하야 發生無量歡喜心이로다

즐겨 구하는 것을 따라 다 베풀어 주되
때에 알맞게 공급하며 피로하고 싫음이 없어서
일체 소유를 다 능히 흩으니
모든 와서 구하는 자가 널리 만족하도다.

법을 듣기 위하여 그 몸을 보시하고
모든 고행 닦아서 보리를 구하며
다시 중생들을 위하여 일체를 버려서
위없는 지혜를 구하여 퇴전하지 않도다.

부처님 처소에서 정법을 듣고
스스로 그 몸을 바쳐 충실히 시중을 들되
널리 모든 군생들을 구제하기 위하여
한량없는 환희심을 내도다.

피견세존대도사 능이자심광요익
彼見世尊大導師가 能以慈心廣饒益하고

시시용약생환희 청수여래심법미
是時踊躍生歡喜하야 聽受如來深法味로다

보살소유제선근 실이회향제중생
菩薩所有諸善根을 悉以迴向諸衆生하야

보개구호무유여 영사해탈상안락
普皆救護無有餘하고 永使解脫常安樂이로다

보살소유제권속 색상단엄능변혜
菩薩所有諸眷屬이 色相端嚴能辯慧하며

화만의복급도향 종종장엄개구족
華鬘衣服及塗香의 種種莊嚴皆具足이로다

그들은 세존이신 대도사께서
능히 자심으로 널리 요익하게 하심을 보고
이때에 뛸 듯이 환희를 내어
여래의 깊은 법의 맛을 듣고 받도다.

보살이 소유한 모든 선근을
모든 중생들에게 다 회향하여
널리 모두 구호하여 남음이 없고
영원히 해탈하여 항상 안락하게 하도다.

보살에게 있는 바 모든 권속들이
색상이 단엄하고 능히 변재가 지혜로우며
화만과 의복과 바르는 향의
갖가지 장엄이 다 구족하도다.

차제권속심희유　　보살일체개능시
此諸眷屬甚希有어늘　菩薩一切皆能施하고

전구정각도군생　　여시지심무잠사
專求正覺度群生하니　如是之心無暫捨로다

보살여시체사유　　비행종종광대업
菩薩如是諦思惟하야　備行種種廣大業하고

실이회향제함식　　이불생어취착심
悉以迴向諸含識호대　而不生於取著心이로다

보살사피대왕위　　급이국토제성읍
菩薩捨彼大王位와　及以國土諸城邑과

궁전누각여원림　　동복시위개무린
宮殿樓閣與園林과　僮僕侍衛皆無吝이로다

이 모든 권속들이 매우 희유하거늘
보살이 일체를 모두 능히 보시하고
오로지 정각을 구하여 군생을 제도하니
이와 같은 마음을 잠깐도 버리지 않도다.

보살이 이와 같이 자세히 사유하여
갖가지 광대한 업을 갖추어 행하고
다 모든 함식들에게 회향하되
취착하는 마음을 내지 않도다.

보살이 저 대왕의 자리와
국토와 모든 성읍과
궁전과 누각과 원림과
하인과 시위들을 보시하여 다 아끼지 않도다.

피어무량백천겁 처처주행이시여
彼於無量百千劫에 處處周行而施與하고

인이교도제군생 실사초승무상안
因以敎導諸群生하야 悉使超昇無上岸이로다

무량품류각차별 시방세계래췌지
無量品類各差別이 十方世界來萃止어든

보살견이심흔경 수기소핍영만족
菩薩見已心欣慶하야 隨其所乏令滿足이로다

여삼세불소회향 보살역수여시업
如三世佛所迴向하야 菩薩亦修如是業하나니

조어인존지소행 실개수학도피안
調御人尊之所行을 悉皆隨學到彼岸이로다

그들은 한량없는 백천겁 동안
곳곳마다 두루 다니며 베풀어 주고
인하여 모든 군생들을 가르쳐 인도하여
모두 위없는 언덕에 뛰어오르게 하도다.

한량없는 각각 차별한 품류들이
시방세계에서 와서 모이니
보살이 보고는 마음으로 기뻐하여
그 모자라는 것을 따라 만족하게 하도다.

삼세의 부처님께서 회향하신 바와 같이
보살도 또한 이와 같은 업을 닦으니
조어장부 천인사 세존께서 행하신 바를
모두 다 따라 배워 피안에 이르도다.

보살관찰일체법 수위능입차법자
菩薩觀察一切法호대 誰爲能入此法者며

운하위입하소입 여시보시심무주
云何爲入何所入고하야 如是布施心無住로다

보살회향선교지 보살회향방편법
菩薩迴向善巧智하며 菩薩迴向方便法하며

보살회향진실의 어기법중무소착
菩薩迴向眞實義호대 於其法中無所著이로다

심불분별일체업 역불염착어업과
心不分別一切業하며 亦不染著於業果하고

지보리성종연기 입심법계무위역
知菩提性從緣起하야 入深法界無違逆이로다

보살이 일체 법을 관찰하되
누가 능히 이 법에 들어간 자이며
어떻게 들어가며 어느 곳에 들어가는가 하며
이와 같이 보시하여 마음이 머무름이 없도다.

보살이 선교의 지혜에 회향하며
보살이 방편의 법에 회향하며
보살이 진실한 뜻에 회향하되
그 법 가운데 집착하는 바가 없도다.

마음이 일체 업을 분별하지 아니하고
또한 업의 과보에 물들어 집착하지 아니하고
보리의 성품이 연 따라 일어남을 알아
깊은 법계에 들어가 어김이 없도다.

불어신중이유업 역불의지어심주
不於身中而有業하고 亦不依止於心住하야

지혜요지무업성 이인연고업불실
智慧了知無業性이나 以因緣故業不失이로다

심불망취과거법 역불탐착미래사
心不妄取過去法하고 亦不貪著未來事하며

불어현재유소주 요달삼세실공적
不於現在有所住하야 了達三世悉空寂이로다

보살이도색피안 수상행식역여시
菩薩已到色彼岸하며 受想行識亦如是라

초출세간생사류 기심겸하상청정
超出世間生死流하야 其心謙下常淸淨이로다

몸 가운데 업이 있지 아니하고
또한 마음을 의지하여 머무르지 아니하여
지혜로 업의 성품이 없음을 분명히 알지만
인연인 까닭으로 업을 잃지도 아니하도다.

마음이 과거의 법을 허망하게 취하지 아니하고
또한 미래의 일을 탐착하지 아니하며
현재에 머무르는 바가 있지 아니하니
삼세가 모두 공적함을 요달하였도다.

보살이 이미 색의 피안에 이르렀으며
수 · 상 · 행 식도 또한 이와 같아서
세간의 생사의 흐름에서 뛰어났으니
그 마음이 겸하하고 항상 청정하도다.

체관오온십팔계 십이종처급기신
諦觀五蘊十八界와 十二種處及己身하야

어차일일구보리 체성필경불가득
於此一一求菩提하니 體性畢竟不可得이로다

불취제법상주상 어단멸상역불착
不取諸法常住相하고 於斷滅相亦不著하니

법성비유역비무 업리차제종무진
法性非有亦非無로대 業理次第終無盡이로다

불어제법유소주 불견중생급보리
不於諸法有所住하며 不見衆生及菩提하야

시방국토삼세중 필경구지무가득
十方國土三世中에 畢竟求之無可得이로다

오온과 십팔계와
십이처와 그리고 자기 몸을 자세히 관하여
이에 낱낱이 보리를 구하나
체성을 필경에 얻을 수 없도다.

모든 법이 상주한다는 상을 취하지 않고
단멸의 상에도 집착하지 않으니
법의 성품은 있지도 않고 없지도 않으나
업의 이치는 차례로 끝내 다함이 없도다.

모든 법에 머무르는 바가 있지 않으며
중생과 보리를 보지 않으니
시방의 국토와 삼세 가운데
필경에 구하여도 얻지 못하도다.

약능여시관제법　즉여제불지소해
若能如是觀諸法하면　則如諸佛之所解하야

수구기성불가득　보살소행역불허
雖求其性不可得이나　菩薩所行亦不虛로다

보살요법종연유　불위일체소행도
菩薩了法從緣有하야　不違一切所行道하고

개시해설제업적　욕사중생실청정
開示解說諸業迹하야　欲使衆生悉清淨하나니

시위지자소행도　일체여래지소설
是爲智者所行道라　一切如來之所說이로다

수순사유입정의　자연각오성보리
隨順思惟入正義하면　自然覺悟成菩提하리니

만약 능히 이와 같이 모든 법을 관하면
모든 부처님의 이해하신 바와 같아서
비록 그 성품을 구하여도 얻을 수 없으나
보살이 행한 바 또한 헛되지 않도다.

보살이 법은 연 따라 있음을 알아서
일체의 행할 바 도를 어기지 않고
모든 업의 자취를 열어 보이고 해설하여
중생들을 모두 청정케 하려 하도다.

이것이 지혜로운 자가 행하는 바 도이니
일체 여래께서 설하신 바로다.
수순하고 사유하여 바른 뜻에 들어가면
자연히 깨달아 보리를 이루리라.

제법무생역무멸 역부무래무유거
諸法無生亦無滅이며 亦復無來無有去로다

불어차사이생피 시인해오제불법
不於此死而生彼하면 是人解悟諸佛法이라

요달제법진실성 이어법성무분별
了達諸法眞實性하야 而於法性無分別이로다

지법무성무분별 차인선입제불지
知法無性無分別하면 此人善入諸佛智라

법성변재일체처 일체중생급국토
法性徧在一切處와 一切衆生及國土하며

삼세실재무유여 역무형상이가득
三世悉在無有餘호대 亦無形相而可得이로다

모든 법은 생함도 없고 멸함도 없으며
또한 다시 옴도 없고 감도 없도다.
여기서 죽어 저기에 나지 않으면
이 사람은 모든 불법을 깨달아 알리라.

모든 법의 진실한 성품을 요달하면
법의 성품에 분별이 없으리라.
법은 성품이 없고 분별이 없음을 알면
이 사람은 모든 부처님 지혜에 잘 들어가리라.

법의 성품은 일체 처와
일체 중생과 그리고 국토에 두루 있으며
삼세에 모두 있어 남음이 없으나
또한 형상을 얻을 수 없도다.

일체제불소각료 실개섭취무유여
一切諸佛所覺了를 悉皆攝取無有餘하야

수설삼세일체법 여시등법실비유
雖說三世一切法이나 如是等法悉非有로다

여제법성변일체 보살회향역부연
如諸法性徧一切하야 菩薩迴向亦復然하니

여시회향제중생 상어세간무퇴전
如是迴向諸衆生하야 常於世間無退轉이로다

〈大方廣佛華嚴經 卷第二十八〉

일체 모든 부처님의 깨달으신 바를
모두 다 남김없이 거두어
비록 삼세의 일체 법을 설하나
이와 같은 법은 모두 있는 것이 아니로다.

모든 법의 성품이 일체에 두루함과 같이
보살의 회향도 또한 다시 그러하니
이와 같이 모든 중생들에게 회향하여
항상 세간에서 퇴전함이 없도다.

〈대방광불화엄경 제28권〉

大方廣佛華嚴經

부록

•

대방광불화엄경 목차

•

간행사

대방광불화엄경 목차

〈제4회〉

제19권 제19품 승야마천궁품

제20품 야마궁중게찬품

제21품 십행품 [1]

제20권 제21품 십행품 [2]

제21권 제22품 십무진장품

〈제5회〉

제22권 제23품 승도솔천궁품

제23권 제24품 도솔궁중게찬품

제25품 십회향품 [1]

제24권 제25품 십회향품 [2]

제25권 제25품 십회향품 [3]

제26권 제25품 십회향품 [4]

제27권 제25품 십회향품 [5]

제28권 제25품 십회향품 [6]

제29권 제25품 십회향품 [7]

제30권 제25품 십회향품 [8]

제31권 제25품 십회향품 [9]

제32권 제25품 십회향품 [10]

제33권 제25품 십회향품 [11]

〈제6회〉

제34권 제26품 십지품 [1]

제35권 제26품 십지품 [2]

제36권 제26품 십지품 [3]

제37권 제26품 십지품 [4]

제38권 제26품 십지품 [5]

제39권 제26품 십지품 [6]

〈제7회〉

제40권 제27품 십정품 [1]

제41권 제27품 십정품 [2]

제42권 제27품 십정품 [3]

제43권 제27품 십정품 [4]

제44권 제28품 십통품

제29품 십인품

제45권 제30품 아승지품

제31품 수량품

제32품 제보살주처품

제46권 제33품 불부사의법품 [1]

제47권 제33품 불부사의법품 [2]

제48권 제34품 여래십신상해품

제35품 여래수호광명공덕품

제49권 제36품 보현행품

제50권 제37품 여래출현품 [1]

제51권 제37품 여래출현품 [2]

제52권 제37품 여래출현품 [3]

〈제8회〉

제53권 제38품 이세간품 [1]

제54권 제38품 이세간품 [2]

제55권 제38품 이세간품 [3]

제56권 제38품 이세간품 [4]

제57권 제38품 이세간품 [5]

제58권 제38품 이세간품 [6]

제59권 제38품 이세간품 [7]

〈제9회〉

제60권 제39품 입법계품 [1]

제61권 제39품 입법계품 [2]

제62권 제39품 입법계품 [3]

제63권 제39품 입법계품 [4]

제64권 제39품 입법계품 [5]

제65권 제39품 입법계품 [6]

제66권 제39품 입법계품 [7]

제67권 제39품 입법계품 [8]

제68권 제39품 입법계품 [9]

제69권 제39품 입법계품 [10]

제70권 제39품 입법계품 [11]

제71권 제39품 입법계품 [12]

제72권 제39품 입법계품 [13]

제73권 제39품 입법계품 [14]

제74권 제39품 입법계품 [15]

제75권 제39품 입법계품 [16]

제76권 제39품 입법계품 [17]

제77권 제39품 입법계품 [18]

제78권 제39품 입법계품 [19]

제79권 제39품 입법계품 [20]

제80권 제39품 입법계품 [21]

간 행 사

귀의삼보 하옵고,

『대방광불화엄경』의 수지 독송과 유통을 발원하면서 수미정사 불전연구원에서 『독송본 한문·한글역 대방광불화엄경』과 『사경본 한글역 대방광불화엄경』을 편찬하여 간행하게 되었습니다.

『화엄경』은 우리나라에 전래된 이래 일찍부터 사경되고 주석·강설되어 왔으며 근현대에 이르러서는 『화엄경』의 한글 번역과 연구도 부쩍 많이 이루어졌습니다. 그만큼 『화엄경』이 우리 불자님들의 신행과 해탈에 큰 의지처가 되었던 것임을 알 수 있습니다.

『화엄경』을 독송하고 사경하는 공덕은 설법 공덕과 함께 크게 강조되어 왔습니다. 그리하여 수미정사 불전연구원에서도 『화엄경』(80권)을 독송하고 사경하는 데 도움이 되도록 한문 원문과 한글역을 함께 수록한 독송본과 한글역의 사경본 『화엄경』 간행불사를 발원하였습니다. 이 『화엄경』 간행불사에 뜻을 같이하여 적극 후원해주신 스님들과 재가 불자님들께 깊이 감사드립니다. 또한 『화엄경』을 수지 독송할 수 있도록 경책의 모습으로 장엄해 주신 편집위원들과 담앤북스 출판사 관계자들께도 고마움을 표합니다.

끝으로 이 불사의 원만 회향으로 『화엄경』이 널리 유통되고, 온 법계에 부처님의 가피가 충만하시길 기원드립니다.

나무 대방광불화엄경

불기 2564년 '부처님오신날'을 봉축하며

수미해주 합장

위태천신(동진보살)

수미해주 須彌海住

동국대학교 명예교수
중앙승가대학교 법인이사
대한불교조계종 수미정사 주지

독송본 한문·한글역

대방광불화엄경 제28권

| **초판 1쇄 발행**_ 2022년 9월 24일

| **엮은이**_ 수미해주
| **엮은곳**_ 수미정사 불전연구원
| **편집위원**_ 해주 수정 경진 선초 정천 석도 박보람 최원섭
| **편집보**_ 무이 무진 지욱 혜명

| **펴낸이**_ 오세룡
| **펴낸곳**_ 담앤북스
서울특별시 종로구 새문안로3길 23 경희궁의 아침 4단지 805호
대표전화 02)765-1251 전자우편 damnbooks@hanmail.net
출판등록 제300-2011-115호
| ISBN_ 979-11-6201-333-5 04220

정가 15,000원